우리에겐 절망할 권리가 없다

일러두기

1. 이 책은 《한겨레》에 2013년부터 2020년까지 연재되었던 〈세상읽기〉 칼럼과 기고문을 엮은 것입니다.

2. 각 글의 말미에 게재 일자를 표시하였고, 칼럼의 제목을 변경한 경우 원제목을 밝혀두었습니다.

3. 최대한 칼럼을 원본 그대로 실었으나, 집필 당시와의 시차로 인해 이해에 혼선을 줄 수 있는 표현을 비롯, 가독성을 고려해 띄어쓰기와 인명·지명, 일부 서술 등을 수정하였습니다.

4. 과거의 특정 사건을 소재로 하는 글의 경우, 읽는 이의 이해를 돕기 위해 그에 대한 간략한 배경 설명을 보충하였습니다.

우리에겐 절망할 권리가 없다

김누리 교수의 한국 사회 탐험기

김누리
지음

해냄

환멸의 시대를 넘어서기 위해

"이 시대에 희망을 말하는 자는 사기꾼이다."(볼프 비어만)

요즘 들어 강연을 자주 한다. 강연 말미 질의토론 시간이 되면 으레 이런 말을 하는 분들이 있다. "우리 시대, 우리 사회에 대한 진단이 너무 우울합니다. 그래도 절망 속 어딘가엔 희망이 있지 않을까요. 마지막으로 희망의 메시지를 전해주셨으면 합니다." 내게는 가장 어려운 질문이자 요청이다. '정말 우리에게 희망이 있는가?' 나는 선뜻 답할 수가 없다. 값싼 희망을 설파하는 것이 윤리적으로나 정치적으로나 과연 올바른 것인지 여전히 자신이 없다. 그래서 비상수단으로 독일의 시인 볼프 비어만을 인용하는 것으로 능친다.

독일어에는 '목적낙관주의(Zweckoptimismus)'라는 말이 있다. 어떤 목적을 이루기 위해 일부러 낙관적인 태도를 가장하는 것을 뜻한다. 이것은 사실 독일보다 한국에서 더 널리 퍼져 있는 태도다. 우리는 어쩌면 낙관적이지 않으면 안 된다는 어떤 '낙관 강박' 같은 것이 지배하는 사회에 살고 있는지도 모른다. 나도 그중 하나였다. 그러나 과연 그런 의도적 낙관론이 세상을 얼마나 변화시켰는가. 지금 우리는 어디에 서 있는가.

희망을 말하기가 어려운 시대이다. 우리는 너무나 많은 배반을 경험했다. 우리의 상처가 너무나 크고, 우리의 아픔이 너무도 생생하다. 그럼에도 여전히 거짓 희망을 설교하는 자는 너무도 많다. 언제까지 헛된 희망에 기만당할 것인가.

혼돈의 시대다. 무엇이 옳고 무엇이 그른지 쉬이 판단이 서지 않을 때가 많다. 과거의 동지들이 가장 험한 적이 되어 낯을 붉히고 뿔뿔이 흩어진다. 정체성의 뿌리였던 젊은 날이 통째로 부정당하는 고통을 날마다 겪는다. 악과의 싸움은 외려 쉬웠다. 용기만 있으면 충분했으니까. 모순과의 싸움이 어려운 것이다. 그것은 냉철한 지성을 요구한다.

거짓의 언어가 판을 친다. 이것이 한국 사회의 변혁을 가로막는 최대의 적이다. 거짓 언어로는 현상을 파악할 수 없고, 현상을 파악하지 않고서는 현실을 변화시킬 수 없다. 우리가 진정 세상을 변화시키고자 한다면, 먼저 모든 언어에 켜켜이 늘어붙어 있는 거짓의 때를 벗겨내야 한다. 한국 사회에서 진보가 과연 진보인가, 보수가 과연 보수인가, 민주주의가 과연 민주주의인가, 자유가 과연 자유인가, 공정이 과연 공정인가. 단어 하나하나의 의미를 다시 묻고, 또 캐물어야 한다.

불가사의한 나라, 대한민국 탐험기

『우리에겐 절망할 권리가 없다』는 2013년에서 2020년까지 《한겨레》에 쓴 칼럼을 모은 책이다. 이 칼럼집은 박근혜 정부에서 문재인 정부에 이르는 7년의 기간, 그러니까 국정농단과 촛불혁명, 대통령 탄핵과 신정부 출범, 그리고 남북정상회담으로 이어지는 격동의 시대를 다루고 있다. 이 기간은 한국 현대사의 온갖 모순의 근원인 박정희 시대가 남긴 마지막 악취에 떨쳐 일어선 분노의 시간이었고, 근본적으로 새로운 시대가 열리리라 믿었던 희망의 시간이었으며, 그 희망의 하릴없는 붕괴를 목도한 환멸의 시간이었다.

이런 의미에서 이 책은 분노의 바다를 넘고 희망의 강을 건너 마침내 환멸의 땅에 도달한 21세기 초 대한민국 사회에 대한 탐험기이다. 그 탐험의 기록들은 우리 사회의 불편한 진실을 직시하고자 했던 졸저 『우리의 불행은 당연하지 않습니다』의 근간이 되기도 했다.

하나의 의문이 탐험기를 관통하고 있다. '대한민국은 왜 이렇게 불가사의한 나라가 되었는가.' 온 세계가 찬탄하는 감동의 민주주의와 경이의 경제성장을 동시에 이룬 나라가 왜 자살률, 노동시간, 불평등, 산업재해사망율, 남녀차별, 출산율 등에서 세계 최악의 지표를 보이는가. 이상적인 사회를 실현하기 위한 제도적, 물적 조건을 모두 갖추었는데 왜 우리는 점점 더 사회적 지옥을 향해 가고 있는가. 이 책은 바로 이런 이해할 수 없는 현상의 원인을 규명하고자 하는 깊은 고민과 성찰의 기록이다.

칼럼은 시대와의 개인적 대화이다. 좋은 칼럼은 시대를 얘기하지만 객관의 감옥에 갇히지 않고, 개인의 고유한 시선을 견지하지만 주관의 늪에 빠지지 않는다. 그렇게 '시대적 자아'가 말하는 칼럼을 쓰고 싶었다. 자기주장이 분명한 '표적이 있는 글'을 쓰고 싶었다.

7년간 집필했던 칼럼들을 게재 순서에 구애받지 않고 여섯 가지의 주제별로 다시 나누고, 함께 읽으면 좋을 글들끼리 모아 정리했다. 칼럼은 우리가 살고 있는 당대와의 대화이기에, 즉 우리 시대를 뒤흔들었던 사건과 현상에 대한 동시대적 반응이기에 당연히 책을 읽는 현재와 집필 당시의 시점 사이에 시차가 존재하고 그에 따라 상황과 인식의 차이가 발생할 수 있다. 그럼에도 과거의 글들을 거의 그대로 수록한 것은, 우리가 지나온 정치, 사회의 풍경과 궤적을 가감 없이 보여주고 싶었고, 무엇보다도 우리 사회가 본질적인 측면에서 거의 변한 것이 없기 때문이다.

'잘 진' 사람들이 만든 역사

지금, 주변을 둘러보면 보이는 건 온통 시퍼렇게 벌거벗은 욕망뿐이다. 냉정하게 돌아보자. 우리 세대는 무엇을 이루었는가. 우리는 새로운 나라, 좋은 사회를 만드는 데 실패했음을 인정하지 않을 수 없다.

꿈도 희망도 무너진 환멸의 시대에, 난무하는 거짓의 언어와 폭주하는 헛된 희망의 약속들 속에서, 나를 사로잡는 것은 정직한 비관의 언어다. "내가 시를 쓰는 이유는 잘 지기 위해서다. 이길 가능성은 없다. 조문하듯이 시를 쓰는 것이다"라는 이산하 시인의 말이 가슴을 파고든다.

'역사란 승자의 발자취'라는 역사가의 말을 나는 믿지 않는다. 깊은 의미에서 역사는 잘 진 싸움의 궤적이다. 패할지라도 우리가 끝내 포기할 수 없는 가치를 향한 싸움 말이다. 누군가의 말처럼 "역사는 이상주의자의 좌절을 통해 발전해 온 것"인지도 모른다. 그러니 지는 싸움도 해야 하는 것이다. 어쩌면 이 세상이 완전한 지옥이 되지 않은 것은 지는 싸움을 해온 사람들 덕분이다. 진 싸움이 만든 역사가 희망을 지켜주었다.

이러한 믿음을 품고 우리는 함께 환멸의 땅을 건너가야 한다. 넘어지고 부서지더라도 다시 일어나 꿈꾸던 그곳으로 나아가야 한다. 지난 세기 이 나라, 이 민족은 너무도 큰 고통과 희생을 치렀다. 역사에 빚진 우리에겐 절망할 권리가 없다. 쉬이 희망을 말하지 않되 가벼이 절망에 빠지지 않는 것, 유토피아와 멜랑콜리 사이에서 길을 잃지 않는 것—이것이 이 환멸의 시대를 살아가는 우리가 지녀야 할 최소한의 윤리가 아닐까 생각한다.

아차, 앞에 인용한 볼프 비어만의 말에는 한마디가 더 붙어 있다. 그의 말을 온전히 옮긴다.

"이 시대에 희망을 말하는 자는 사기꾼이다. 그러나 절망을 설교하는 자는 개자식이다."

2021년 9월
흑석동 산꼭대기에서
김누리

1장   거대한 기만에 갇힌 대한민국

2장 앞으로 가려고 뒤를 본다

3장 우울한 아이의 나라에 미래는 없다

4장 짓밟힌 '지성의 전당'

5장　차악들의 일그러진 정치

포스트 코로나, 무너지는 세계 앞에서

하나의 세계가 무너지고 있다. 당연하다고 여겨온 많은 것들이 낯설어지고, 견고하다고 생각해 온 수많은 것들이 흔들린다. 영원하다고 믿어온 것들이 하릴없이 부서져 내리고 있다. 폐허 속에서 공포가 엄습한다. 우리가 이 세계를 통제할 수 없을지도 모른다는 두려움이 덮쳐오는 공포의 정체다. 미래가 보이지 않는다.

하나의 시대가 저물고 있다. 미국 헤게모니가 이울고, 자본주의 시대가 기울고 있다. 신자유주의가 수명을 다하고, 서구의 지배가 종말로 치닫고 있다. 물질 지상주의, 경쟁 이데올로기에 의문부호가 박히고 있다. 구시대가 급속히 스러지는 가운데, 새로운 시대의 비전은 보이지 않는다. 불안한 과도기를 우리는 건너고 있다.

16

지금 우리가 목도하는 건 근대의 최종적 죽음인지도 모른다. 18세기 이래 지속돼 온 낙관주의의 성채가 처참히 허물어지고 있다. 19세기 말에 덮쳐온 낙관적 세계관의 붕괴(마르크스, 니체, 프로이트의 세계)에 이어 이제 거대한 제2차 붕괴가 목전에 와 있다. 제2차 붕괴가 '거대한' 이유는, 정신사적 성격을 띤 1차 붕괴와 달리, 그것이 자연사적(생태적) 성격을 지녔기 때문이다.

민족주의, 국가주의, 개인주의에 기초한 근대의 기획은 이제 종막에 다다른 것처럼 보인다. 인류, 세계, 공동체의 가치가 새롭게 떠오른다. 역사상 어느 시대에도 인류가 운명공동체임을 오늘날처럼 뼈저리게 체험한 적은 없었다. 과연 인간은 추락한 인류의 개념을 구제함으로써 자신을 구원할 수 있을 것인가.

과도기의 폐허 속에서, 비로소 보이는 것들이 있다. 지금껏 당연시해 온 모든 것들이 새롭게 눈에 잡힌다. 이제 우리는 한국 사회를, 미국을, 자본주의를 문득 낯선 눈으로 마주한다.

코로나의 폐허 속에서 우리는 한국인의 삶이 얼마나 아슬아슬한 벼랑 끝 삶인지 처절하게 깨닫는다. 누구라도 한순간에 추락할 수 있고, 어떤 이도 한 발짝에 실족할 수 있다. 국가는 나의 삶을 지켜주지 않는다. 세계 최고의 자살률, 최악의 기업 살인율, 최저의 출산율은 그런 '낭떠러지 생존'의 징표일 뿐이다. 어떤 안전망도 보호장치도 없는 불안사회가 대한민국을 "현대 니힐리즘의 가장 급진적인 형태"(프랑코 베라르디)로 만들었다.

지난 70년간 우리가 맹목적으로 추종해 온 동경의 대상이 코로나로 인해 추한 민낯을 드러냈다. 의료와 방역, 인종과 정치 문제에서 미국이 보여준 야만성에 세계에서 가장 큰 충격을 받은 이는 아마도 한국인일 것이다. 사회보장도, 공공의료도, 공적 서비스도 극히 부실한 사회를, 그래서 유럽에서는 통상 '사회적 지옥'이라고 불리는 나라를, 한국인들은 가장 이상적인 모델로 오인해 왔던 것이다.

한국인이 견고하고 '영원한' 체제라고 생각해 온 자본주의도 흉측한 '생얼'을 내보였다. 신자유주의 30년이 휩쓸고 간 폐허에 우리는 매일 참관하고 있다. 신자유주의의 폭풍이 거세게 불어닥친 국가일수록 코로나가 남긴 참상은 처연하다. 자유시장의 공세 속에서 '공적인 것(the public)'이 괴멸한 속 빈 '공화국(republic)'들이 초미세 바이러스의 공격에 맥없이 무너져 내리고 있다.

코로나 시대는 우울하다. 코로나 블루의 일상이다. 그러나 이제 코로나 블루를 넘어 코로나 옐로를 보아야 한다. 코로나의 경고를 읽어야 한다.

코로나 대유행이 보내는 경고는 무엇보다도 우리 사회가 중요한 두 가지 가치를 결여하고 있다는 사실이다. 첫 번째는 '사회적 가치'이다. '모두가 건강하지 않으면 누구도 건강할 수 없고, 모두가 행복하지 않으면 누구도 행복할 수 없다'는 범용한 지혜가 우리에겐 너무나 절박한 정언명령이다. '인간은 사회적 동물'이라지만, 한국인은 사회적 동물이 아니다. 한국인은 무한 경쟁 속에 각자도생하는 개인들이다. 지구상에서 '사회적'이라는 가치가 이렇게 천대받는 공동체는 없다. '사회적'이라는 말이 기피되는 정도를 넘어, 불온시되고, 낙인이 되는 곳이 이 나라다.

두 번째는 '생태적 가치'이다. 자연 생태계 파괴를 멈추지 않으면 인류는 종말을 면할 수 없다. 그러나 한국 사회엔 생태적 상상력이 아직도 도착하지 않았다. 물질주의, 발전주의, 성장주의가 공론장을 지배하는 유일한 담론이다. 이런 자본 절대주의 사회에서 68혁명 이후 도도한 세계적 흐름으로 자리 잡은 탈물질주의 생태 문화는 여전히 먼 나라 이야기다.

그럼 어떻게 할 것인가. 코로나 위기는 우리 사회에 혁명적인 변화를 요구하고 있다. 근본적인 체제 변화와 근원적인 인식 변화가 있어야 한다. 코로나 대유행이 깨우쳐준 길은 분명하다. 자주 국가, 복지국가, 생태 국가가 우리가 나아가야 할 길이다.

대한민국은 이제 명실상부한 자주 국가가 되어야 한다. 건국된 지 한 세기가 지났음에도 여전히 미국의 속국처럼 행동하는 것은 부끄러운 일이다. 코로나가 드러낸 미국의 충격적인 실상은 미국을 맹목적으로 좇아가는 것이 '지옥으로의 행진'이 될 수도 있음을 경고한다. 이데올로기의 시대는 지나갔고, 미국 헤게모니도 끝났다. 한류와 케이 방역은 우리가 미국보다 더 잘할 수 있는 것이 얼마든지 많다는 사실을 깨우쳐주었다. 한반도 평화 문제도 그렇다. 정부는 이제 관성화된 무력감을 떨치고 한반도에 새로운 상황을 주도적으로 창출해야 한다.

복지국가로의 전환 또한 더 이상 미룰 수 없다. 너무나 많은 사람들이 생존의 벼랑에 매달려 있다. 더 이상 자살과 빈곤과 기업 살인을 개인의 책임으로 돌려서는 안 된다. 청년의 80퍼센트가 자기 나라를 '헬조선'이라고 부르고, 75퍼센트가 이민을 가고 싶다고 느낀다면, 그 나라는 이미 망한 나라다. 근본적인 새 출발, 혁명적인 변화가 필요하다. 복지국가가 유일한 답이다. 각자도생의 극단적 개인주의 사회에서 벗어나 모든 국민이 생존의 불안 없이 존엄한 존재로서 살 수 있는 연대사회로 전환해야 한다.

나아가 생태 국가로의 질적인 변화도 감행해야 한다. 발전 논리, 성장 이데올로기는 낡은 시대의 유물이다. 무한히 자연을 파괴하는 발전은 지구 종말로의 발전이며, 생태계의 순환을 깨뜨리는 성장은 지옥으로의 성장이다. '22세기는 오지 않는다', '지금 사는 인류가 최후의 인류다'라는 세상의 경고를 이제는 우리도 귀담아들어야 한다. '기후 악당' '생태 깡패'라는 말을 더 이상 들어서는 안 된다.

2021년은 새로운 대한민국의 원년이 되어야 한다. 새로운 대한민국은 어느 누구도 일하다 죽지 않고, 노조 하다 쫓겨나지 않고, 살 수 없어 자살하지 않는 복지국가, 근대국가의 기본 원리인 국민주권과 민족자결이 구현되는 정상적인 자주 국가, 인간과 자연이 공존하고 지속 가능한 발전이 실현되는 생태 국가여야 한다.

지금 인류는 문명사적 전환점에 서 있다. 물질문명에서 생태문명으로 전환하지 않으면 안 된다. 역사상 유례가 없는 이 거대한 전환에 인류의 생존이 걸려 있다. 과학자는 말한다. 최후의 생물 대멸종이 목전에 있다고. 지구 역사 45억 년 동안 다섯 번의 생물 대멸종이 있었다. 소행성 충돌, 빙하기 도래 등 자연현상이 원인이었다. 이제 2050년으로 예상되는 6차 대멸종은 인간이 자초한 최초의 대멸종이요, 지구의 종말을 초래할 최후의 대멸종이 될 것이다. 경제학자는 말한다. 인류는 기원후 1,800년 동안 5배의 물적 성장을 이루었지만, 자본주의가 본격화한 지난 200년간 무려 100배의 물적 발전을 이루었다고. 그런데 물적 발전은 무엇인가. 자본주의의 경이로운 생산력의 이면은 자연에 대한 무자비한 파괴력이다.

　테오도어 아도르노는 이를 '계몽의 변증법'이라 했다. 계몽, 즉 인간의 자연 지배가 자연의 파괴, 인간성의 파괴를 초래했다. 근대는 이러한 역설 위에 세워진 건물이다. 발전이 퇴보이고, 성장이 몰락이며, 생산이 파괴이다. 이제 인류가 살아남으려면 '계몽의 계몽'을 통해 계몽의 자기파괴를 멈춰 세워야 한다. 이것이 시대의 명령이다. 이 세상을 아름다운 유토피아로 만들지는 못할지언정, 이 지구가 완전한 지옥이 되는 것은 막아내야 한다.

(2021. 1. 1, 「포스트 코로나 시대, 대전환을 감행하자」)

1장

거대한
기만에
갇   힌
대한민국

불안, 한국 사회의 숨은 지배자

한 40대 가장이 아내와 두 딸을 살해한 사건이 큰 충격을 주고 있다. 이 사건에 세간의 관심이 모이는 이유는 무엇보다도 피의자 강 아무개 씨가 우리 사회의 성공한 중산층의 전형적인 삶을 살아왔다는 점 때문이다. 명문대 경영학과, 외국 유학, 외국계 회사 상무, 강남의 고급 아파트, 10억대 재산—한국 사회에서 이른바 '성공의 아이콘'으로 불리는 모든 것을 갖춘 자가 이런 참극을 저질렀다는 사실에 모두가 경악하는 것이다. 그는 갑작스러운 실직과 주식 투자 실패로 '미래에 대한 불안'에 괴로워하다 가족의 동반 자살을 결심했다고 한다.

전문가들은 '온실의 화초처럼 성장한' 자의 유약한 심성에서 사건의 원인을 찾지만, 진짜 원인은 더 깊은 곳에 있는 것 같다. 이 사건이 드러내는 진실은 우리가 불안사회에 살고 있다는 것, 견고해 보이는 우리의 삶이 기실 너무도 허약한 기반 위에 세워져 있다는 사실이다.

카프카의 소설 『변신』이 현대인의 삶의 본질이 '벌레' 같은 실존임을 알레고리로 폭로했듯이, 이번 사건은 한국인의 삶이 살얼음판 위를 걷는 것, 벼랑 끝에 매달려가는 것임을 극적으로 보여준다. 아무리 훌륭한 조건을 갖추고, 아무리 성공적으로 적응해온 자도 한 걸음만 삐긋하면, 한 손만 잘못 짚으면 끝없는 나락으로 추락할 수 있는 곳이 한국 사회다.

이번 '서초동 세 모녀 살인 사건'이 지난해에 일어난 '송파 세 모녀 자살 사건(박 모 씨와 두 딸이 생활고로 고생하다 결국 스스로 목숨을 끊은 사건)'보다 더 충격적인 이유는 송파 사건이 우리 사회 시스템의 사각지대를 드러냈다면, 서초동 사건은 시스템 자체의 정당성에 문제를 제기하기 때문이다. 서초동 사건은 시스템에 누구보다도 잘 적응해 온 자의 비극을 보여준다는 점에서 교훈적이다. 이번 사건은 한국 사회가 근본적으로 비인간적인 시스템에 기초하고 있음을 새삼 일깨워준다.

이런 잘못된 시스템 때문에 오늘날 한국인들은 깊은 불안에 휩싸여 있다. 불안은 우리 사회의 기본 정조다. 어린아이도 불안하고, 청년도 불안하고, 대학생도 불안하고, 중장년도 불안하고, 노인도 불안하다. 실업자, 노동자, 농민, 회사원, 자영업자, 공무원, 전문직을 가릴 것 없이 이 땅의 모든 이들이 불안에 떨고 있다.

불안은 한국 사회를 움직이는 본원적인 힘이며, 사회를 통제하고 관리하는 숨은 지배자다. 불안은 인간을 길들이고, 소진시키며, 예속시킨다. 불안은 비인간적인 체제를 유지시키고 강화하며, 변혁을 차단하고 저지한다. 불안은 무한 경쟁의 논리 속에서 심화되고 일상화된다. 그리하여 마침내 불안은 생명을 죽인다.

한국 사회에서 불안이 극단적이고 편재적인 것은 그것이 실존적, 철학적 불안이 아니라, 사회적, 경제적 불안이기 때문이다. 한국 사회가 극단적 불안사회로 변화하기 시작한 시점이 바로 신자유주의의 지배가 시작되는 시기와 일치하는 것은 우연이 아니다. 경제 권력이 무소불위의 전횡을 행사하면서, 이 땅에 사는 사람들은 졸지에 '구조조정', '정리해고', '노동의 유연화'라는 경제적 테러를 일상적으로 겪게 되었고, 아무런 보호 장치도 없이 '조정', '정리', '유연화'의 대상으로 내몰렸다. 그 결과 비정규직, 정규직에 이어 '엘리트 직장인'까지도 생존의 불안에 사로잡히게 된 것이다.

불안사회를 극복할 처방이 없는 것은 아니다. 당면한 과제는 불안을 생산하고 지배의 도구로 악용하는 경제 권력을 제어하고, 불안을 야기하는 고용 관행을 변혁할 새로운 정치세력을 구축하는 것이다. 신자유주의적 세계화 이후 경제의 하수인으로 전락한 정치를 복원하는 것이 시급하다. 그리하여 '조정'하고, '정리'하고, '유연화'해야 할 대상은 인간이 아닌 경제라는 인식하에 인간적인 사회를 구현해야 한다. (2015. 1. 11)

무례사회

"남자친구가 조용히, 무릎 꿇고 추천한 그곳, ×××성형외과"

얼마 전 지하철에서 본 광고 문구다. 주먹을 움켜쥔 채 무릎 꿇고 앉아 있는 한 남성의 하반신 사진이 광고판의 절반을 차지하고 있었다. 잠시 눈을 의심했다. 이렇게까지 막갈 수도 있구나. 성형외과 앞에서 간청하는 남자와 그 옆에서 고민하는 여자라니.

하긴 그리 놀랄 일도 아니다. 국가 폭력을 주제로 한 영화 〈변호인〉을 보러 갔다가, 영화가 상영되기도 전에 양악 수술을 한 여성을 적나라하게 드러낸 성형 광고에 의해 무자비한 언어 폭력과 감성 폭력을 당한 적도 있다. 그뿐인가. 강남의 한 성형외과에서는 직접 깎은 턱뼈들로 '턱뼈탑'을 만들어 병원 로비에 전시했다는 엽기적인 얘기까지 들린다.

이런 일들은 단순히 도를 넘어선 외모 지상주의나 성형 광풍만을 가리키는 것이 아니다. 그것은 우리 사회의 내밀한 본성을 들춰준다. 우리 사회가 인간에 대한 최소한의 예의마저 상실한 '무례사회'로 변해버렸음을 폭로한다.

무례사회는 돈만 벌 수 있다면 인격 모독쯤은 아무렇지도 않은 사회, 인간을 경시하는 사회다. 성형 광고의 주체인 '의사 선생님들'의 경우에서 보듯, 이 사회를 지배하는 기득권 집단의 인식은 지극히 천박하다. 이들은 대개 이 사회의 교육과정을 가장 성공적으로 이수한 '우등생들'인 까닭에, 이들의 천민성은 그대로 사회의 성격을 대유한다. 인간에 대한 예의를 모르는 자를 '모범생'으로 길러내는 무례사회에 미래는 없다.

대중들 또한 무례에 둔감한 것 같다. 그렇지 않다면 수많은 대중이 이용하는 지하철에 저런 파렴치한 광고가 버젓이 걸릴 수 있겠는가. 어린 시절부터 촘촘한 경쟁의 그물로 조직된 사회에서 일상적으로 너무도 많은 모멸과 무례를 겪어온지라 대중에게 남아 있는 자존감의 영토는 그리 넓지 않은 것 같다. 때로 대중은 경멸과 조롱에 모멸감을 느끼거나 저항하기보다는, 이를 자조적으로 즐기는 집단적 마조히즘 상태에 빠져 있는 것처럼 보이기도 한다. TV에서 방영하는 개그 프로그램을 보라. 소재의 절반 이상이 외모에 대한 조롱이다. 개그의 본령인 정치풍자는 찾아볼 수 없고, 그 자리를 신체적 약자에 대한 허접한 조롱으로 메우는 방송의 행태는 우리 사회가 얼마나 야비하고 품격 없는 공동체로 전락했는지를 여실히 보여준다.

'인간에 대한 예의'는 우리 사회가 가장 결여하고 있는 품성인 것 같다. 인간을 존중하고 타인을 배려하는 태도가 너무도 모자란다. 특히 사회적 약자는 온전한 인격체로 살아가기가 쉽지 않다. '감정노동자'들이 일상적으로 겪는 비인간적, 비인격적 대우는 상상을 초월한다. 난생처음 전화 통화를 하는 사람에게 "고객님 사랑합니다"라는 말을 하도록 강요하는 사회는 인간에 대한 예의가 없는 사회다. (그리고 '사랑'이라는 언어의 의미를 왜곡한다는 점에서 언어에 대한 예의도 없는 사회다.)

자신에 대해 둔감한 감수성을 지닌 자가 타인에 대해 섬세한 감수성을 지닐 수는 없다. 그것이 우리 사회에서 타자에 대한 무례가 팽배한 이유다. 또한 타인에 대한 예의가 결여된 사회에서 타인에 대한 관심과 애정을 기대하기는 어렵다. 세월호가 주는 가장 가슴 아픈 교훈은 우리가 타인의 생명과 고통에 대해 얼마나 무감하고 무심한 '괴물들'로 변해버렸는지를 적나라하게 보여주었다는 데 있다.

"인간 존엄은 불가침하다." 독일 헌법 제1조이다. 유럽연합도 이를 글자 그대로 받아들여 '유럽연합헌장' 1조로 삼았다. 우리에겐 언제쯤 인간 존엄성의 수호를 국가의 존재 이유로 삼고, 사회의 구성원들이 서로를 존엄한 인간으로 존중하는 날이 올지, 아득하다.

(2014. 6. 22)

방관사회

육군 28사단의 윤승주 일병이 선임병들에게 한 달여간 폭행 및 가혹 행위를 당해 사망한 '윤 일병 사건'에서 이 병장의 잔혹하고 엽기적인 폭력 행위보다 더 충격적인 것은 동료 병사들이 보인 태도였다. 그들은 극단적인 폭력이 자행되는 데도 '곁에서 보고만' 있었다. 말리거나 저지하지 않고, 방조하거나 동조했다. 무엇이 이 평범한 젊은이들이 시민적 용기는 차치하더라도 최소한의 전우애조차 발휘하지 못하게 했을까?

이들이 윤 일병에게 보인 '방관'의 태도는 세월호 선원들이 승객에게 보인 태도와 다르지 않다. 수백 명의 목숨이 경각에 달린 절체절명의 순간에 이준석 선장과 선원들은 '유유히' 배를 빠져 나왔다. 맞아 죽어가는 동료를 외면한 병사들이나 수장돼 가는 승객을 두고 도망친 선원들이나 모두 인간의 생사가 좌우되는 결정적인 순간에 싸늘한 방관자의 태도를 취했던 것이다.

이 사건들이 보여주는 것은 특정한 개인의 일탈이나 무책임이 아니다. 이 병장의 잔혹성이나 이 선장의 비열함이 문제의 본질이 아니다. 진짜 문제는 이 사회가 구조적으로 그런 폭력성과 비열성에 기대어 돌아간다는 사실이고, 무엇보다도 우리 사회의 구성원들이 타인의 고통에 대한 공감의 감수성을 잃어버린 채 방관자가 돼버렸다는 사실이다.

윤 일병 사건과 세월호 사건의 사회적 여파가 이리도 큰 것은 그것이 우리 사회의 감추어진 본성을 드러내주었기 때문일 것이다. 많은 시민이 격분하는 이유도 스스로 이 사건의 책임에서 자유롭지 못하다고 '무의식적으로' 느끼기 때문일지도 모른다. 병사들이 윤 일병에게, 선원들이 승객에게 보였던 동일한 태도를 우리도 일상에서 매일매일 우리가 속한 공동체에 대해 보이고 있지 않은가?

병사들과 선원들이 보인 방관의 태도는 우리가 우리 사회에 대해 보이는 태도와 크게 다르지 않다. 그것은 우리 사회에서 예외가 아니라 보편이다.

이런 의미에서 이 사건들은 단순한 윤리적 차원을 넘어 고도의 정치적 의미를 갖는다. 그것은 우리 헌법 제1조가 규정하는 '민주공화국'이 얼마나 허약한 토대 위에 서 있는지를 서늘하게 보여준다. 방관자들로는 민주공화국을 존속시킬 수 없기 때문이다.

민주공화국은 알다시피 시민의 참여에 의해 유지되는 국가체제이다. 루소의 『사회계약론』에 따르면, 공화국이란 "개인들의 인격이 모두 결합된 공적 인격"이고, 시민이란 "공화국의 주권에 참여하는 개인"이다. 즉 '주권에 참여하는 시민'이 없으면 공화국도 없다. 방관자들의 집단은 공화국이 될 수 없다는 얘기다.

한국 사회는 방관사회다. 시민들은 참여하지 않고 방관한다. 방관은 군대 내무반이나 세월호 선상에서만 일어나는 일이 아니다. 그것은 우리네 일상이다. 사회 구석구석에 만연한 것이 '나만 빼고', '나와는 상관없다'는 사고방식이다. '공적 정의'를 위해 참여하는 시민은 극소수다. 대학의 학생회든, 기업의 노조든, 시민단체든 공적 이해를 위한 기구에 참여하는 시민의 수가 우리처럼 적은 나라는 드물다.

특히 정치의 경우 시민들의 '방관'은 극단적이다. 모두가 정치에 관심을 보이지만, 아무도 정치에 참여하지 않는다. 정치평론가는 넘쳐나지만, 정치 활동가는 보이지 않는다. 소수의 진보정당을 제외하면 한국 정당의 본색은 '당원 없는 정당'이다. 이는 매력 없는 정당 탓이기도 하지만, 동시에 방관하는 시민 탓이기도 하다. 모두 곁에서 훈수만 둘 뿐 참여하지 않는 사회, 정치 혐오를 좀 더 세련된 정치적 취향인 양 조장하는 방관사회에서 민주공화국의 이념이 실현될 수는 없다.

한국 사회가 위대한 정치혁명의 전통을 지녔음에도 여전히 민

주적인 사회를 이루지 못한 것은 참여사회로 나아가지 못한 채
방관사회에 고착돼 버렸기 때문이다.

(2014. 8. 17)

무릎 꿇는 사회

테오도어 아도르노는 우리에게는 난해하기로 소문난 책 『계몽의 변증법』의 저자로 널리 알려져 있지만, 그가 오늘날의 독일을 만드는 데 결정적인 영향을 미쳤다는 사실을 아는 사람은 많지 않다.

유태인이었던 아도르노는 나치가 집권하자 호르크하이머, 마르쿠제, 프롬 등 프랑크푸르트학파의 동료 학자들과 함께 미국으로 망명했고, 서독이 세워진 직후인 1949년 독일로 돌아와 1969년 사망할 때까지 프랑크푸르트대학에서 철학과 사회학을 가르쳤다.

독일로 귀환하기로 결심했을 때 그에게는 분명한 목표가 있었다. 그것은 독일이 다시는 나치즘과 같은 야만으로 떨어지지 않도록 '완전히 새로운 독일'을 건설하는 것이었다. 이를 위해 그가 가장 중요시한 것이 바로 과거 청산이었다. 오늘날 독일이 '과거 청산의 나라', '역사 민족'이라고 불리며 주변국들로부터 도덕적 권위와 신뢰를 회복하고, 이를 바탕으로 유럽연합의 중심 국가로 성장할 수 있었던 데에는 아도르노의 역할이 컸다.

아도르노는 과거 청산이 제도적·인적 청산에 그쳐서는 안 된다고 단언했다. 왜냐하면 "과거 청산의 본질적인 문제는 드러내놓고 극우적인 집단에 있는 것이 아니라, 민주주의 '속'에서 살아남아 민주주의를 내부로부터 위협하는 권위주의적인 성격에 있다"고 보았기 때문이다.

권위주의적 성격을 극복하기 위해 그가 강조한 것이 '반권위주의 교육'과 '비판 교육'이었다. 권위 앞에서 쉬이 순종하는 '약한 자아'가 민주주의에 가장 위협적인 요소이기에, 학생들의 비판 의식을 고취해 강한 자아를 가진 시민으로 길러내는 것이 민주주의 교육의 요체라는 것이다. 그는 호르크하이머와 함께 부당한 권력에 굴종하지 않고 맞서는 능력을 키워줄 '저항권 교육'을 특히 강조했다. 이는 오늘날 독일 교육의 중요한 구성요소가 되었다. 노르트라인베스트팔렌주 교육부의 기본 지침에는 "수용할 수 없는 지배 관계와 사회적 억압에 대한 저항 능력", "저항 기술에 대한 지식", "개혁적 혹은 혁명적 성격의 기획을 실현하는 능력", "주어진 사회적 규범을 자유로이 받아들이거나 거부하고, 경우에 따라서는 다른 규범을 선택할 수 있는 능력"을 학교에서 가르쳐야 한다고 되어 있다.

오늘날 독일은—일본과는 달리—'반권위주의 교육', '비판 교육', '저항권 교육'을 통해 나치즘의 과거를 성공적으로 청산한 '과거 청산의 모범 국가'가 되었을 뿐만 아니라, 세계에서 가장 성숙한 민주주의 국가가 되었다.

최근에 일어난 일련의 사건들은 우리 사회의 숨겨진 본성을 처연하게 드러낸다. 우리의 삶을 지배하는 거대한 권력 앞에서 우리가 얼마나 무력하고 왜소한 존재인지, 사회적 약자가 최소한의 인간적 존엄을 유지하는 것이 얼마나 어려운 일인지, 한국 자본주의가 얼마나 천민적이고 야만적이며 재벌들이 얼마나 오만하고 폭력적인지, 우리는 새삼 확인한다.

그러나 무엇보다도 최근의 사건들이 보여준 것은 우리가 여전히 권위주의 시대를 살고 있다는 사실이다. 항공기 사무장이 무릎 꿇고, 승무원이 무릎 꿇고, 영화 〈카트〉의 계약직 노동자가 무릎 꿇고, 드라마 〈미생〉의 직장인들이 무릎 꿇고, 강남의 아파트 경비원이 무릎 꿇는다. 이는 한편으로는 부당한 권력의 폭력성을 보여주지만, 다른 한편으로는 우리 민주주의의 취약성을 현시한다.

'무릎 꿇는 사회'는 민주사회가 아니다. '민주주의자 없는 민주주의'는 사상누각이다. 민주주의가 제대로 뿌리를 내리려면 이제 부당한 권력에 저항하는 능력을 갖춘 민주주의자를 학교에서 길러내야 한다. 더 이상 무릎 꿇는 이 없는 사회를 만들기 위해서는 사회의 권위주의적 구조와 불평등을 극복하려는 노력과 더불어 '민주주의 교육', 특히 '저항권 교육'이 시급하다.

(2014. 12. 14)

노예 민주주의

　최순실의 국정 농단과 비리가 속속 드러나면서 국민들은 충격과 분노에 휩싸였다. '최순실 공화국', '이게 나라냐'라는 탄식 속에 '탄핵', '하야'라는 말이 어린 학생들의 입에 오르내리고, 시국선언과 시위가 들불처럼 번졌다.

　최순실의 파렴치한 행각은 분명 엽기적이다. 그러나 더 놀라운 것은 지난 4년 동안 청와대는 말할 것도 없고, 정부, 여당, 대기업은 물론 학교와 대학에서도 그의 불법-탈법-초법적 행태가 '아무런 저항 없이' 관철되었다는 사실이다. 어떻게 이런 일이 일어날 수 있는가?

　최순실은 공민왕 시대의 신돈이나 제정 러시아의 라스푸틴에

곧잘 비유된다. 그러나 신돈과 라스푸틴은 '왕이 곧 국가'였던 봉건시대의 인물이다. 최순실은 국민이 주인인 민주공화국에서 국가 권력을 사유화했다는 점에서 그들과는 차원이 다르다. 최순실 사태는 한국 민주주의가 봉건시대 군주국 수준에도 미치지 못함을 폭로한다.

토론은커녕 대통령의 '말씀'을 받아쓰기에 여념이 없는 장관들, 대통령의 수족에 불과한 청와대 인사들, 대통령의 '상머슴'을 우두머리로 모시고 있는 여당 정치인들, 권력자의 한마디에 즉각 수십억 원을 갖다 바치는 재벌들, 부당한 압력에 무릎 꿇고 이득을 취하는 교수들—이들의 행태는 주인 앞에서 설설 기는 노예의 모습 그 자체다. 민주공화국에서 '지도층 인사'란 자들이 사실은 하나같이 권력의 노예였던 것이다.

장관, 재벌, 정치인, 교수 등 '지도층 노예들'은 자신이 지배하는 조직에선 절대 권력자들이다. 그들은 윗사람에게 노예로 행세하듯, 아랫사람에게는 잔인한 주인으로 군림한다. 이들의 지배를 받는 공무원, 노동자, 당원, 학생들은 노예처럼 행동하기를 강요받는다. 권력에 굴종하는 노예근성은 다시 굴종을 강요하는 폭력성으로 나타난다. 아도르노가 말하는 전형적인 '권위주의적 성격'의 인간형이다. 물론 이들은 앞에선 노예인 척하면서 뒤에선 담합하여 자신들의 이익을 극대화할 궁리만 하는 노회한 무리들이다.

권위주의적 성격을 가진 자들이 지배하는 사회는 결코 민주주의 사회가 될 수 없다. 민주공화국을 선포하고, 선거를 치르고,

법치를 외친다 해도, 그건 허울뿐이다. 권위주의와 노예근성에 의해 굴러가는 사회는 '노예 민주주의'에 불과하다.

이 나라의 지배자들이 펼치는 철면피한 거짓말 퍼레이드는 그들이 국민을 노예로 얕보고 있음을 방증한다. 거짓말은 노예를 대하는 주인의 전형적인 버릇이다. 국민을 노예, 심지어 '개돼지'로 보는 그들에게 거짓말쯤이야 무슨 대수겠는가. 노예에게 하는 거짓말은 양심의 가책조차 불러일으키지 않는다.

'노예 민주주의' 사회에선 선거도 민주주의의 보증수표가 될 수 없다. 그건 기실 '노예'들이 4년 혹은 5년에 한 번씩 투표를 통해 '새 주인'을 뽑는 요식행위에 불과하다.

문제는 최순실이 아니라 민주주의다. 이번 사태를 한국 민주주의가 질적으로 도약하는 전환점으로 삼아야 한다. 형식적 민주주의에서 실체적 민주주의로, '노예 민주주의'에서 '주권자 민주주의'로 나아가야 한다.

최순실 사태로 개헌의 필요성은 더욱 높아졌다. 이제 국민이 국가의 진정한 주인이 될 수 있는 방법을 놓고 진지한 논의를 시작해야 한다. 오로지 대통령 뽑는 절차에만 초점을 맞추고 국민의 권리 신장은 도외시한다면, 이는 국민의 노예 상태를 영속시키려는 기득권의 책략으로밖에 볼 수 없다. 모든 개헌 논의의 초점은 국민주권을 강화하는 데 모아져야 한다.

(2016. 10. 30, 「최순실 사태와 노예 민주주의」)

200만 촛불의 명령은 '체제 교체'다

2016년 11월 26일은 역사적인 날이다. 무려 200만 가까운 시민들이 '대통령 퇴진'을 외치며 거리로 나섰다. 단군 이래 최대 시위이고, 아시아 역사상 최대 시위이며, 세계사에서도 유례가 없는 대규모 시위이다. 지금 대한민국 국민은 세계 민주주의의 역사를 새로 쓰고 있다. 시위의 규모만이 아니다. 광화문 광장은 그 자체가 거대한 '민주주의의 학습장'이었다. 시민들은 당당하게 자기주장을 펼치고 자유로이 행진하며 구호를 외치면서도, 경찰들에게 꽃을 선사하고, 거리를 청소하는 성숙함을 보여주었다. 다양한 문화 행사와 기발한 풍자 속에 시위를 '즐기는' 남녀노소 모두가 해방된 자유인이었고, 기품 있는 민주시민이었다. 근대 이후

선각자들이 꿈꿔온 '자유의 왕국'이 이 땅에서 실현되고 있었다. '자유, 평등, 우애'의 유토피아가 눈앞에 펼쳐졌다.

이렇게 '박근혜-최순실 사태'로 무너진 국격을 시민들이 다시 세워놓고 있었다. 주변의 외국 학자들과 기자들은 한결같이 한국의 시위에 대해 '경이롭다'고 했다. 이렇게 열정적이면서도 유쾌하고, 이렇게 활기차면서도 평화로운 시위를 본 적이 없다고 했고, 분노를 웃음으로 승화시키는 시민들의 '경지'가 놀랍다고 했다.

200만 촛불은 무엇을 의미하는가? 촛불이 요구하는 것은 단지 박근혜 대통령의 탄핵만이 아니다. 그것은 동시에 대통령의 종복으로 권력에 기생해 온 새누리당, 국민들을 무한히 착취해 온 재벌, 정권의 시녀로 전락한 검찰, 권력의 나팔수로 타락한 언론에 대한 탄핵이고, 대통령의 부패와 전횡을 견제하지 못한 무능한 야당에 대한 질책이다. 촛불은 또한 인간다운 삶을 살고 싶다는 절규이며, 더 이상 굴종의 삶을 살지 않겠다는 결의이다. 요컨대 촛불은 부패하고 파렴치한 '구체제' 전체에 대한 탄핵이고, '새로운 나라'에서 '다른 삶'을 살고 싶다는 절규이며, 더 이상 타락한 기득권 집단의 노예로 살지 않겠다는 결의이다.

그렇기에 200만 촛불의 명령은 '정권 교체'가 아니라 '체제 교체'다. 정권 교체가 '포악한 주인'을 '온화한 주인'으로 바꿀 수는 있지만, 국민을 주인으로 만들지는 않는다는 것을 우리 국민은 최근 역사를 통해 배웠다. 촛불은 해방 이후 지난 70년간 이 나라를 지배해 온 구체제의 낡은 의식, 제도, 관행을 타파하고, 새로운 나라를 세우라는 명령이다. '국가 발전'이라는 미명하에 '인간의 존엄성'을 짓밟아온 구체제를, '인간 존엄'을 국가의 존재 이유로 삼는 '신체제'로 교체하라는 것이다.

해방 이후 대한민국은 네 개의 체제를 기축으로 작동해 왔다. 첫째는 정치 영역의 '수구-보수 과두 지배체제'이고, 둘째는 경제 영역의 '재벌 독재 체제'이며, 셋째는 사회 영역의 '권위주의 체제'이고, 넷째는 한반도를 둘러싼 '냉전 체제'이다. 바로 이 네 요소로 구성된 '구체제'가 이 나라를 '헬조선', '절망사회'로 만든 주범이다. 촛불의 외침은 바로 이 구체제를 변혁하라는 것이다.

정권이 바뀐다고 '체제'가 바뀌지는 않는다. 오히려 새 정권이 구체제를 더 강화시킬 수도 있다. 기회주의적 정치인, 탐욕스러운 재벌, 타락한 검찰, 부패한 언론의 커넥션을 발본적으로 청산하지 않는 한, 정권 교체는 구체제를 세련되게 포장해서 영속시키는 '기만적 승리'가 될 수도 있다. 1987년에 '대통령 직선제'라는 '민주주의의 형식'을 위해 싸웠다면, 2017년은 '국민이 나라의 주인'이라는 '민주주의 내용'을 쟁취하는 해가 되어야 한다.

(2016. 11. 27)

광장의 촛불, 삶의 현장에서 타올라야

"유럽과 미국은 이제 한국에서 민주주의를 배워야 한다."

독일의 저명한 주간지《디 차이트》는 한국의 촛불집회에 대해 이렇게 썼다. 서구에서 민주주의를 수입한 한국이 '원산지'보다 더 모범적으로 민주주의를 실천하고 있다는 얘기다. 민주주의는 아시아에 맞지 않는다는 '아시아적 가치' 논쟁은 끝났다고도 했다. "평화롭고 질서 정연하면서도 강력한" 한국의 "성숙한 민주주의"가 "용기와 열정으로 민주주의를 지켜내는 방법"을 세상에 알려주었다고 격찬했다. 독일의 권위 있는 일간지《프랑크푸르터 알게마이네 차이퉁》도 "한국의 위대한 촛불 축제"를 상세히 타전했다.《뉴욕 타임스》등 영미 언론의 논조도 다르지 않았다.

세계가 이처럼 '1,000만 촛불'을 경이의 눈으로 바라보았지만, 정작 이 '촛불 혁명'에 가장 놀란 이는 바로 우리 자신이다. 우리 안에 이런 엄청난 선의와 용기, 우애와 연대의 정신이 숨어 있었다는 것에 서로 경탄하고, 숨 막히는 경쟁과 극단적인 불평등, 약육강식과 승자독식이 지배하는 이 정글 같은 사회에서 이런 고귀한 품성을 지닌 사람들이 이렇게도 많이 존재한다는 사실에 서로 경외감을 느끼고 있다. 우리는 매일 우리 자신을 새로이 발견하고 있다. 혁명의 두 달간 광장이 우리에게 준 최고의 선물은 우리의 노력으로 이 '동물의 왕국' 같은 세상을 '사람 사는 세상'으로 바꿀 수 있다는 자신감이다.

이 자신감이 현실화되기 위해서는 조건이 있다. 그것은 세계를 놀라게 한 '광장 민주주의'의 저력을 삶의 현장으로 옮겨 '현장 민주주의'로 승화시켜야 한다는 것이다. 광장의 촛불은 이제 일상의 현장에서도 타올라야 한다.

1,000만 촛불의 기적은 한국 민주주의의 엄청난 잠재력을 보여주었지만, 동시에 '광장 민주주의'가 아직 '현장 민주주의'에 도달하지 못한 현실을 처연하게 돌아보게 한다. 우리는 '광장'에서 위대한 민주주의 혁명을 이루었지만, 정작 실제 삶이 영위되는 '현장'에서는 지극히 비민주적인 일상을 살아가고 있다. 가정에서, 학교에서, 일터에서 우리는 과연 얼마나 '민주주의자'로 살아가고 있으며, 얼마나 민주적인 제도와 문화가 실행되고 있는가. 광장에서 당당하게 대통령을 비판하듯이, 삶의 현장에서 교장, 총장, 사

장을 공개적으로 비판할 수 있는가. 광장 민주주의와 현장 민주주의는 여전히 비대칭적으로 괴리되어 있다.

광화문의 열기에도 불구하고 헬조선의 현실은 변한 게 없다. 이 지옥에서 벗어나기 위해 이제 광장 민주주의가 현장 민주주의로 확장되고 심화되어야 한다. 삶의 현장에서 민주주의를 요구하고, 실천하고, 실현해야 한다. 내 마음속에서, 가정에서, 학교에서, 일터에서 촛불이 타올라야 한다. 촛불이 나를 변화시키고, 일상을 변화시키고, 현장을 변화시키고, 사회를 변화시키고, 마침내 국가를 변화시켜야 한다. '내 안의 최순실'을 불태우고, '내 안의 박근혜'를 몰아내야 한다.

우리는 광장에서 '민주주의자 없는 민주주의는 존재할 수 없다'는 것을 배웠다. 민주주의는 민주주의자들의 연합체이다. 그렇기에 민주주의는 단지 정치제도의 문제가 아니라 삶의 태도의 문제이다. 타인을 배려하고 존중하며, 약자와 공감하고 연대하며, 불의에 분노하고 부당한 권력에 저항하는 태도―이러한 심성을 내면화한 민주주의자를 길러내지 못하는 한 제도로서의 민주주의는 하시라도 권위주의와 독재의 야만으로 추락할 수 있다. 이것이 광장의 촛불이 내 마음속에서, 우리의 삶 속에서 다시 타올라야 하는 이유다.

(2016. 12. 25)

거짓의 시대

　이 나라는 가히 '거짓말 공화국'이다. 대통령부터 장관, 청와대 고위 인사들을 거쳐 재벌 총수, 대학 총장, 교수, 의사에 이르기까지 최고 권력자와 엘리트들이 지난 몇 달간 촛불 혁명이 진행되는 동안 펼쳐온 현란한 거짓말 퍼레이드는 경악을 넘어선다. 국민들은 최소한의 윤리도, 자존심도, 수치심도 없는 저들의 파렴치에 할 말을 잃었고, 저런 자들이 나라를 지배해 왔다는 사실에 분노했다.

　권력자들의 공공연한 거짓말은 한국만의 문제는 아니다. 미국 대선 전후로 도널드 트럼프가 토해낸 거침없는 거짓말과 거짓 주장은 일일이 헤아릴 수조차 없다.《워싱턴 포스트》는 트럼프가 대통령 취임 이후 한 달간 쏟아낸 거짓 주장과 사실 왜곡만 132건에 이른다고 전했다.

바야흐로 '거짓의 시대'가 열린 것인가. 오죽하면 '탈진실의 시대'라는 신조어까지 생겨났겠는가. 옥스퍼드 영어사전은 '탈진실 (post-truth)'을 2016년 올해의 단어로 선정했고, 독일언어학회도 '탈사실(postfaktisch)'을 올해의 독일어로 뽑았다.

실로 우리는 탈진실의 시대에 살고 있는 것처럼 보인다. '사실'과 '진실'은 폄하되고, '거짓'과 '사이비'가 활개 치는 세상이다. 이러한 현상은 거대한 사상적, 사회문화적, 기술적 변화와 관련이 있다. 포스트모더니즘의 가치 상대주의와 다원주의는 모더니즘의 토대였던 '진리'를 해체했고, 개인의 개체화와 익명화는 거짓에 대한 민감성을 둔화시켰으며, 인터넷이 열어놓은 새로운 매체 환경은 같은 의견을 가진 사람들이 모여 자신들만의 '대안 사실'을 믿는 '분할된 마이크로 공론장'(얀베르너 뮐러)을 만들어냈다.

사실과 진실의 권위가 무너진 폐허에서 선동가들의 거짓말이 번져가고 있다. 그들의 거짓말이 위험한 진짜 이유는 그들이 거짓을 사실로 믿게 하기 때문이 아니라, 명백한 '사실'을 하나의 '의견'으로 강등시키기 때문이다. 그들은 이렇게 사실의 신뢰성을 잠식하고 공론장을 왜곡하여, 결국 민주주의의 토대를 허문다. 민주주의는 다양한 의견 사이의 논쟁에 근거하고, 의견의 타당성은 사실에 기초하기 때문에, 사실이 무너지면 의견이 무너지고 결국 민주주의가 무너지는 것이다.

거짓의 시대가 유독 미국에서 화려하게 개화한 데는 특별한 이유가 있다. 나치즘을 피해 미국으로 망명한 테오도어 아도르노는 '사유하지 않는 사람들'이 모여 사는 이 대륙을 보고 엄청난 충격을 받는다. 대중문화를 통한 주도면밀한 우민화가 만들어낸 이 '무사유사회'에서 그는 새로운 유형의 파시즘의 싹을 본다. 그가 쓴 『계몽의 변증법』(특히 '문화산업론')이나, 프랑크푸르트학파의 동료인 허버트 마르쿠제의 『일차원적 인간』, 에리히 프롬의 『자유로부터의 도피』는 모두 이 '사유하지 않는 인간들'에게서 받은 충격을 이론적으로 이해하고자 한 시도였다.

이들의 예견은 적중했다. '트럼프 현상'을 낳은 무사유, 무지, 반지성주의는 미국 사회의 '오래된 미래'였던 것이다. 트럼프는 선거 유세에서 "나는 무지한 사람들을 사랑한다"며 내놓고 무지를 찬양했다. 바로 이런 대중의 무지가 미국을 '거짓의 시대'의 향도로 만든 사회문화적 토양이다.

거짓의 시대에 선동가들에게 맞설 무기는 '지식'과 '사유'이다. 민주주의를 부정하는 파시즘은 공포를 먹고 살지만, 민주주의 속에 기생하는 파시즘은 무지를 먹고 산다. 저질 오락방송을 통한 우민화와 경제협력개발기구(OECD) 최하위의 독서율로 상징되는 우리네 일상이야말로 박근혜의 '거짓말 공화국'을 탄생시킨 숨은 주범인지도 모른다.

(2017. 2. 26)

민주주의자 없는 민주주의

촛불 혁명과 박근혜-최순실 사태는 한국 민주주의의 위대성과 한계를 동시에 보여주었다. 우리는 한국 민주주의의 놀라운 생명력에 경탄했지만, 그것이 얼마나 아슬아슬한 살얼음판 위에 서 있는지도 깨달았다.

촛불 혁명으로 폭발한 한국 민주주의의 저력은 '역사적 기억'에서 나온 것이다. 4·19혁명, 5·18민주화운동, 6·10민중항쟁의 역사는 시민들의 기억 속에 살아남아 그들을 거리로, 광장으로 나서게 한 힘이다. 발터 베냐민의 말처럼 "위기의 순간에 섬광처럼 번쩍이는 역사적 기억"이 광장의 유토피아를 만들어낸 것이다.

촛불 혁명을 야기한 '박근혜 사태'는 동시에 한국 민주주의의 허약한 체질을 여실히 드러냈다. 김영삼-김대중-노무현으로 이어진 '민주 정부'가 곧 민주주의의 정착을 의미하지는 않는다는 것을 이명박-박근혜로 계승된 '준파시즘 정권'의 야만적 행태가 일깨워주었다. 언론의 자유는 무너지고, 노동조합은 파괴되고, 인권은 짓밟히고, 교육은 어용화되고, 검찰과 국정원은 권력의 충견으로 전락한 현실은 '파시즘의 부활'을 방불케 했다. 확고한 줄 알았던 민주주의의 토대가 너무도 속절없이 무너졌다.

왜 위대한 민주혁명의 역사에도 불구하고 한국 민주주의는 이리도 허약한가? 그것은 무엇보다도 한국 민주주의가 '민주주의자 없는 민주주의'이기 때문이다. "민주주의의 최대 적은 약한 자아다"라는 아도르노의 유명한 명제는 한국 민주주의가 지닌 문제의 정곡을 찌른다. 약한 자아를 가진 구성원들로 이루어진 사회에서는 민주주의가 온전히 뿌리내리기 어려운 것이다. 자아의 문제가 민주주의의 핵심 문제라면, 이제 자신의 자아를 냉정하게 돌아볼 때다. '나는 얼마나 강한 자아를 가지고 있는가.' 광장에서 민주주의를 외치지만, 가정, 학교, 일터에서 '우리는 얼마나 민주주의자로 사는가.'

민주주의는 단순히 정치체제의 문제가 아니다. 그것은 삶을 대하는 태도의 문제다. 삼권분립과 대의민주주의를 신봉한다고 다 민주주의자가 아니다. 민주주의자는 어디서나 당당하게 자신의 주장을 펼치고, 타인의 의사를 존중하고, 불의한 권력에 저항할 수 있는 '강한 자아'를 가진 자다.

'민주주의의 최대 적이 약한 자아'라면, 한국 교육이야말로 민주주의의 최대 적이다. 학생의 자아를 철저히 약화시키는 주범이기 때문이다. 아무리 자아가 강한 아이도 한국의 학교 체제에 발을 딛는 순간 온전한 자아를 보존하기 어렵다. 학교는 학생들을 '존엄한 인간'으로 존중하지 않고 점수로 줄 세워 우열의 질서 속에 배치한다. 그럼으로써 한쪽에는 일상적인 모욕과 무시 속에서 열등감과 좌절감을 내면화한 '열등생'을 만들어내고, 다른 쪽에선 턱없는 우월감과 오만한 심성을 가진 '우등생'을 길러낸다. 이들은 모두 자아를 파괴하는 거대한 폭력기구의 희생자들이다. 열등생의 자아가 모멸감에 의해 손상된다면, 우등생의 자아는 오만함에 의해 왜곡된다.

'역사적 민주주의'가 '일상적 민주주의'로 착근하기 위해서는 강한 자아를 가진 민주주의자를 길러내야 한다. 한국 교육의 '최고 우등생' 우병우, 김기춘, 조윤선이 '민주주의의 적'이 된 이유는 자명하다. 한국 교육이 민주주의의 적이기 때문이다. 오만한 학습기계가 아니라 당당한 민주주의자를 키워낼 새로운 교육이 필요하다. '수월성 교육'에서 '민주 교육'으로의 대전환은 시대적 요청이다. 거기에 한국 민주주의의 미래가 달려 있다. '교육혁명'이 차기 대통령의 첫 번째 과제가 되어야 하는 이유다.

(2017. 3. 26)

민주주의를 감행하자!

'정치 구호도 가슴 떨리게 아름다울 수 있구나.' 1969년 독일 연방의회 선거에서 빌리 브란트가 내건 슬로건은 참으로 아름다웠다. "민주주의를 감행하자!(Demokratie wagen!)"

브란트는 이 선거에서 승리해 전후 최초로 정권 교체를 이뤘고, 정말로 '민주주의를 감행'했다. 민주주의가 과감하게 실험된 곳은 무엇보다도 학교와 일터와 언론이었다. 초·중·고등학교에서는 민주주의자를 길러내는 것이 최고의 교육목표가 되었고, 반권위주의 교육, 비판 교육, 저항권 교육 등 정치 교육이 정착되었으며, 대학에서는 교수, 학생, 강사·조교가 총장 선출을 비롯한 모든 대학 운영에 3분의 1의 동등한 투표권을 갖고 참여하는 '3분할 원칙'이 법적으로 제도화됐고, 대학생의 생활비를 '연구 보수'로서 지급하는 바푀크(BAföG)가 도입되어 대학생의 경제적 해방이 이 뤄졌다. 직장에서는 이사회에 노동자 대표가 50퍼센트를 차지하는 '노사공동결정제'가 법제화되어 노동 민주화가 획기적으로 진전되었고, 언론계에는 68세대의 인재들이 대거 진출하여 권력 비판과 사회 민주화를 언론의 사명으로 삼는 새로운 언론 문화의 기틀을 세웠다.

그 결과 독일은 과거 청산, 복지국가, 동방정책으로 상징되는 '새로운 나라'가 되었고, 독일인은 성숙한 민주 의식을 가진 '신독일인'으로 거듭났다. 브란트의 담대한 민주주의 실험이 서구 민주주의의 모범국 독일을 탄생시킨 것이다.

1970~1980년대 군사 독재 시절에 거리에서, 교정에서 '민주주의'를 외치며 젊은 날을 보낸 우리 세대에게 민주주의는 '쟁취'의 대상이었지, '감행'의 대상은 아니었다. 우리는 민주주의를 독재와 싸워서 되찾을 '제도'로 알았지, 일상의 삶을 변화시킬 '태도'로 생각지 못했다. 우리는 광장에선 민주주의의 투사였지만, 일상에선 민주주의자가 아니었다.

문재인 대통령은 6·10항쟁 30주년 기념사에서 "정치와 일상이 민주주의로 이어질 때 우리의 삶은 흔들리지 않습니다. 우리한 사람 한 사람이 일상에서 민주주의로 훈련될 때, 민주주의는 그 어떤 폭풍 앞에서도 꺾이지 않을 것입니다"라고 했다. 옳은 말이다. '민주공화국다운 민주공화국'을 만들기 위해서는 일상에서 민주주의를 실천하고 민주주의자를 길러내야 한다.

브란트의 독일에서처럼 삶의 현장에서 민주주의를 감행하는 것이 우리의 당면 과제다. 학교에서는 민주시민을 길러낼 정치 교육을 제도화하고, 학생들의 정치 활동을 권장하고 보장해야 한다. 대학은 지성의 전당으로서 성숙한 민주주의가 선취되는 공간이 되어야 한다. 총장직선제를 포함한 대학 민주화가 시급한 이유다. 노동 민주화의 핵심은 노사공동결정제의 도입이다. 노동 민주화가 경제성장의 초석이 되고, 경제위기 극복의 밑거름이 된 독일의 사례에서 배워야 한다. 언론 민주화는 초미의 관심사다. 공영방송은 '이명박근혜 야만시대'를 지탱해 준 적극 협력자로서의 과거를 통렬히 반성하고, 민주주의가 실험되고 소통되는 공론장으로서 새로운 시대적 역할을 충실히 수행해야 한다.

촛불 혁명의 구호가 "박근혜 퇴진!"이었다면, 1년이 지난 지금 우리의 구호는 "민주주의를 감행하자!"가 돼야 한다. 학교에서, 일터에서 어디까지 민주주의를 할 수 있는지 실험해 보자. 삶의 현장을 민주주의가 실현되는 공간으로 바꿔보자. 우리가 얼마나 성숙한 민주주의자인지, 우리 사회가 얼마나 성숙한 민주사회인지 점검해 보자. 그리하여 우리의 소중한 민주주의가 그 적들에 의해 유린되고 전복되는 비극을 다시는 반복하지 말자.

(2017. 11. 5)

"사장을 자유롭게 비판할 수 있습니까?"

독일에서 서독과 동독 출신 대학생들을 모아놓고 토론을 벌인 적이 있다. 동서독 학생들의 인식 차가 의외로 컸다. 서독 학생들은 주로 동독인들의 낮은 정치의식을 비판했다. "동독의 독재정권 아래서 왜 그렇게 굴종만 했는지 이해할 수 없다." 서독 학생의 질타에 동독 학생이 맞받았다. "우리가 독재정권에 맞서지 못한 건 사실이다. 당신들은 총리를 비판하고, 풍자의 대상으로 삼아 조롱할 수도 있었다. 그렇지만 당신들은 사장을 자유롭게 비판할 수 있었는가? 우리는 정권은 비판하지 못했지만, 사장은 자유롭게 비판할 수 있었다."

〈송곳〉이라는 드라마를 보며 그날의 토론을 떠올렸다. 드라마

〈미생〉을 볼 때도 그랬다. 지금 우리는 대통령은 비판할 수 있지만, 사장은 비판할 수 없는 나라에 살고 있다. 민주화를 이루었다고는 하지만 우리가 일상을 살아가는 공간은 전혀 민주적이지 않으며, 우리는 여전히 '노예적' 삶을 살고 있다. 고용주는 생사여탈권을 움켜쥐고 무소불위의 권력을 휘두르며, 노동자는 오직 살아남기 위해 온갖 굴욕을 감수한다. 이것이 〈송곳〉과 〈미생〉이 폭로하는 우리의 현실이다.

동독 학생은 서독에서 '사장 비판'이 가능하냐고 힐난했지만, 독일에서 노동자와 고용자의 관계는 우리와는 비교도 할 수 없다. 독일 노동자는 노동조합 이외에도 '노사공동결정제', '직장평의회' 등의 제도를 통해 회사의 경영뿐만 아니라 고용과 인사 문제의 결정에도 참여한다. 노동자는 고용주의 일방적인 지시를 받는 객체가 아니라, 기업 이사회에 절반의 의결권을 갖고 참여하는 주체이다. 독일 노동자는 당당하게 자신의 의견을 표명하고, 또 필요하면 당연히 사장도 비판할 수 있다. 이런 민주적 운영 방식이 독일 기업이 세계 최고의 경쟁력을 갖게 한 비결이다.

우리는 어떤가? 기업가는 아무런 민주적 견제도 받지 않고 절대왕정 시대의 제왕보다도 더 강력한 권력을 전횡하고 있다. 어디 기업뿐인가. 우리 사회의 모든 조직에서 민주주의는 제대로 작동하지 않는다. 학교, 군대, 검찰, 언론, 관청, 교회, 병원 등을 보라. 구성원들의 민주적 의사가 반영되는 조직이 얼마나 되는가? 지난 60년간 어렵게 쟁취한 '정치 민주화'에도 불구하고 이 땅의 '사회

민주화'는 거의 진전이 없다.

경제 민주화나 문화 민주화도 마찬가지다. 경제적 갑을관계를 악용한 대기업의 착취가 자심해지면서 경제 민주화는 오히려 퇴보하고 있으며, 권위주의와 병영 문화의 강고한 뿌리는 문화 민주화를 가로막고 있다.

냉정하게 보면 대한민국은 진정한 민주주의 국가가 아니다. 민주주의가 공동체의 지배적인 원리로 정착되지 못했다. 그나마 민주주의가 숨 쉬는 공간은 정치뿐이다. 사회, 경제, 문화 영역에서 민주주의는 아직도 갈 길이 멀다. 기득권 집단의 입장에서 보면, 가장 뼈아픈 자리는 정치다. 절대 권력의 아성이 허물어진 유일한 영역이기 때문이다. 그렇다고 과거처럼 폭력적으로 정치권력을 되찾기도 어려운 시대다. 그래서 그들은 정치를 악마화한다. 정치 혐오를 부추기고 정치적 무관심을 조장하여, 정치의 변혁적 뇌관을 제거한다.

빌리 브란트는 1969년 "민주주의를 감행하자!"는 구호를 앞세워 전후 최초로 정권 교체를 이루었고, 독일 사회를 근본적으로 변화시켰다. 우리도 이제 민주주의를 감행할 때가 되었다. 정치 민주화가 일구어낸 법적, 제도적 토대 위에서 사회 민주화, 경제 민주화, 문화 민주화를 '감행'해야 한다. 민주주의란 여의도에 있는 것이 아니라, 개인이 살아가는 일상의 현장에 있다. 민주주의는 이미 성취한 제도가 아니라, 시민이 하루하루 채워가야 할 숙제이다.

(2015. 11. 22)

이중적 성(性)도덕과 괴물의 탄생

　'미투(Me Too) 운동'의 거센 해일이 한국 사회에 휘몰아치고 있다. 법조계에서 시작된 쓰나미는 문화예술계와 학계를 덮치더니 이제 종교계에까지 이르렀다. 사계의 권력자들이 사나운 분노의 물살에 쓸려 허둥대며 떠내려간다. 이는 거대한 문화혁명의 전조인가, 아니면 그저 일과성 해프닝인가.

　미투 운동은 우리 사회의 숨겨진 치부를 적나라하게 드러내고 있다. 우리가 얼마나 미개한 사회에 살고 있는지, 얼마나 야만적인 조직에서 일하고 있는지 새삼 깨닫는다. 우리네 일상이 매 순간 인간성의 막장과 조우하는 아우슈비츠였음에 경악한다. 미투는 또한 성적 착취가 전사회적이고 전방위적임을 폭로한다. 그것은 진보와 보수의 정치 성향을 가리지 않으며, 문화계에서 법조계까지 사회적 경계를 모른다.

만연한 성적 착취의 근본적인 원인은 우리 사회의 왜곡된 성문화에 있다. 특히 한국 사회의 이중적 성도덕은 심각한 문제이다. 공적 담론 수준에서는 성에 대해 지극히 억압적인 도덕적 엄숙주의가 지배하지만, 사적 차원에서는 성이 일상적으로 거래되고, 광범위하게 소비되며, 은밀하게 착취된다. 이러한 이중성이―'청산되지 않은 과거'와 더불어―한국 사회에 배어 있는 악취의 근원이자, 한국 사회 미성숙성의 심층 원인이다.

이중적 성도덕 아래 성장한 한국 남성에게는 자신이 '괴물'이 되었음을 인식하고, 자신의 사회화 과정 자체가 곧 괴물의 탄생 과정이었음을 깨닫게 되는 순간이 온다. 한국에서 학교 교육을 받고 군대 생활을 거친 남자가 과연 성숙한 성의식을 갖는 것이 가능할까? 여성을 철저히 성적으로 대상화하는 문화 속에서 '성적 미성숙' 상태를 넘어설 수 있을까?

왜곡된 성문화와 이중적 성도덕을 바로잡기 위해서는 무엇보다도 올바른 성교육이 필요하다. 독일의 성교육은 우리에게 시사하는 바가 크다. 독일에서는 68혁명 이후 1970년대 초부터 교육 개혁이 이루어져, 초등학교부터 성교육을 비중 있게 시행해 왔다. 성교육을 중시한 이유는 무엇보다도 성교육이 민주주의 교육의 핵심이라고 보았기 때문이다.

민주주의자는 불의한 권력에 맞설 수 있는 '강한 자아'를 가져야 하는데, 강한 자아는 바로 올바른 성교육을 통해서만 길러진다. 성을 억압하고 죄악시할수록, 아이는 강한 죄의식을 내면화하고, 죄의식이 강한 아이일수록 권위에 굴종하는 권위주의적 성격을 갖게 된다는 프랑크푸르트학파의 '권위주의적 성격 이론'이 독일 성교육의 철학적 배경이다. 독일 성교육의 제1 원칙은 '성에 대해서 윤리적 판단을 금한다'는 것인데, 이는 성을 선과 악을 가르는 윤리의 영역으로 보아서는 안 된다는 관점에 입각한 것이다. 그래선지 나는 독일 청소년 중에서 성과 관련하여 죄의식을 가진 아이를 본 적이 없다.

우리도 올바른 성교육을 통해 청소년을 죄의식에서 해방된 당당한 성적 주체로 교육하여, 권위주의적으로 왜곡된 성문화를 지양하고, 민주주의의 교육적 토대를 확장해야 한다.

연극 단원들을 상습적으로 성폭행하여 고소당한 예술감독 이윤택은 자신의 '더러운 욕망'을 자책했지만, 미투 사태의 본질은 '나쁜 인간의 더러운 욕망'이 아니라, 미성숙한 사회의 왜곡된 성문화이다. 문제는 저들이 예외적인 악인들이라기보다는 오히려 '그 세계의 왕'으로서 사회의 병리성을 전형적으로 체현한 인물들이라는 데 있다. '정상성의 병리성'(에리히 프롬)이 문제인 것이다. 이를 혁파하기 위해서는 문화혁명에 버금가는 대변혁이 필요하다. 미투 운동이 시대착오적이고 위선적인 이 땅의 성문화를 변화시키는 거대한 전환의 기폭제가 되기를 기대한다.

(2018. 2. 25)

군대를 생각한다

권터 그라스는 독특한 정치 참여로 유명한 작가다. 그는 현대 독일 문학을 대표하는 '노벨상 작가'였지만 '글'이 아니라 '몸'으로 참여했다. 스스로 자원봉사단을 조직해 선거유세에 직접 뛰어들었고, 연설도 마다하지 않았다. 그의 연설회는 입장료를 받았지만, 늘 인산인해였다. 흥미로운 건 이렇게 돈이 모일 때마다 그가 군대에 도서관을 지어주었다는 사실이다. 나치즘을 몸소 체험한 비극적 시대사의 증인으로서 군대 민주화 없는 사회 민주화도 없으며, 계몽된 군대가 민주주의의 초석이라는 신념에 따른 행동이었다.

군국기무사령부(이하 기무사, 현재는 군사안보지원사령부)의 '계엄령 검토' 문건은 충격적이다. 촛불 시민들이 평화로운 시위를 벌이고 있는 그 순간 군인들이 음습한 곳에 모여 탱크, 장갑차, 특수부대를 동원해 시민들을 유혈 진압하는 시나리오를 짰다는 사실에 등골이 오싹하다. 군사 독재의 악몽이 와락 되살아온다. 관련자에 대해서는 지위 고하를 막론하고 엄정한 수사를 거쳐 내란죄에 준하는 준엄한 단죄가 내려져야 하며, 기무사의 해체도 검토돼야 마땅하다.

그러나 기무사 개혁은 문제 해결의 끝이 아니라 시작에 불과하다. '기무사 문건'이 깨우쳐준 것은 군대에 대한 근본적인 개혁을 더 이상 늦춰서는 안 된다는 사실이고, 이 땅의 군사 문화를 발본적으로 청산할 때가 되었다는 사실이다. 이러한 개혁과 청산 없이는 한국 민주주의가 하시라도 군사 독재의 나락으로 다시 추락할 수 있음을 문건은 경고한다.

우리는 냉전 시대에서 평화 시대로, 권위주의 시대에서 민주주의 시대로 이행하는 대전환의 한복판에 있다. 한국 군대는 이러한 시대적 변화에 발맞추어 완전히 새로운 군대로 환골탈태해야 한다. 지금이야말로 군대가 진정한 국민의 군대, 민주 군대로 거듭날 적기이다. 민주주의의 신념이 확고한 민간인 국방장관을 통해 군을 전면적으로 개혁해야 한다. '민주 군대'의 새로운 철학과 원칙하에 장교를 양성하고, 자율적이고 민주적인 병영 문화를 조성해야 한다. 그라스의 소망처럼 군대가 젊은이들이 성숙한 민주주의자로 성장하는 발판이 되어야 한다.

군대 문화를 청산하는 일도 미룰 수 없다. 한국 사회는 '병영 사회'라고 할 만큼 구석구석 군대 문화가 배어 있다. 군대는 한국 사회의 거의 모든 문제의 근원이자 원형이다. 한국인에게 팽배한 무력감과 좌절감, 순응주의와 동조주의의 발원지가 군대이며, 한국 사회에 만연한 폭력성과 권위주의의 근원지도 군대이다. 학교와 기업은 유사 병영이고, 가정은 변형된 내무반이다. 일본 제국주의 군대의 잔혹성과 가학성이 깊이 스민 군대 문화가 지금까지 살아남아 한국 민주주의의 성숙을 가로막고 있다.

"민주주의의 최대 적은 약한 자아"라는 아도르노의 명제에 따른다면, 한국 군대야말로 한국 민주주의의 최대 적이다. 군대가 한국인의 자아를 결정적으로 약화시키기 때문이다. '계엄령 검토', '쿠데타 모의'라는 기무사의 정치적 일탈보다 '자아의 왜소화', '무력감의 내면화'라는 군대의 관행적 일상이 민주주의에 더 치명적일 수 있다. 민주주의를 파괴하는 비상의 파시즘보다 더 무서운 것이 민주주의를 좀먹는 일상의 파시즘이다. 한국 군대의 궁극적인 문제는 민주주의 질서에 대한 주기적 위협이 아니라, 민주주의적 성격에 대한 상시적 억압에 있다.

내 어머니는 군대 간 아들에게 이런 편지를 쓰셨다. "때론 시련이 큰 그릇을 만든다지만, 대개의 경우 시련은 작은 그릇마저 찌그러뜨리기 일쑤란다." '찌그러진 작은 그릇'으로 민주주의를 일굴 수는 없다.

(2018. 7. 15)

가면 쓴 민주주의

이화여대, 강남역에 이어 광화문광장에서도 가면 시위가 벌어졌다. 한진그룹의 '갑질'을 성토하는 최근 시위에서는 마스크뿐만 아니라 음성변조기를 장착한 마이크까지 등장했다. 가면으로 얼굴을 가리고, 가성으로 음성을 바꾸고 시위에 나서야 하는 한국 민주주의의 현실이 조양호 일가의 갑질보다 더 끔찍하다.

본래 시위란 데몬스트레이션, 자신을 '드러내는' 행위다. 그러니 자신을 '감추는' 가면 시위는 시위의 부정, 반시위인 셈이다. 그럼에도, 왜 이 땅의 학생, 여성, 노동자들은 가면을 쓰고 거리에 나서는가.

가면 시위는 한국 사회가 '불안사회'임을 새삼 환기한다. 부동의 세계 1위 자살률이 방증하듯이, 한국인의 불안도는 세계 최고 수준이다. 불안은 한국 사회를 움직이는 심층 동인이자, 한국 사회를 관리하는 숨은 지배자다. 한국인은 너나없이 일순간 모든 것을 잃을 수 있으며, 한 걸음에 나락으로 떨어질 수 있다는 불안감에 사로잡혀 있다. 그러니 프랑코 베라르디가 한국에서 "동시대 최고 형태의 허무주의"를 발견하는 것도 그리 놀랄 일이 아니다.

불안을 통해 지배하는 자는 일상의 미시권력이다. 그들은 공론장의 거시권력보다 힘이 세다. '박근혜 시위'에서 볼 수 없었던 가면이 '조양호 시위'에서 등장한 것은 의미심장하다. 대통령은 내놓고 비판할 수 있어도, 사장은 그럴 수 없다. 광장의 거시권력보다 일상의 미시권력이 더 무서운 것이다. 힘겹게 쟁취한 정치 민주화에도 불구하고 사회 민주화는 아직도 요원한 이유다.

'가면 쓴 민주주의'는 한국 사회의 역사적 변화에 조응하는 것이기도 하다. 군사 독재 시대에서 자본 독재 시대로 이행하면서 지배 방식도 변했다. 군사 독재가 물리적 폭력으로 생명을 위협했다면, 자본 독재는 심리적 압력으로 생존을 겁박한다. 군사 독재가 외적 억압과 검열로 민주주의를 억눌렀다면, 자본 독재는 내적 공포와 자기검열로 민주주의의 숨통을 조른다. 그리하여 일상에 공기처럼 스며든 생존의 불안이 민주주의에 가면을 씌우는 것이다.

가면 민주주의 현상의 일차적인 원인은 점점 더 촘촘해지는 감시사회다. '빅 브러더'(조지 오웰)가 모든 것을 '보고' 있는 완벽하게 '관리되는 세계'(아도르노) 속에서 개인의 불안은 극에 달한다.

'연대 없는 사회'도 가면 민주주의를 부른 중요한 요인이다. 개인을 보호할 조직도 제도도 없는 환경에서, 개인이 모든 피해와 보복을 홀로 감당해야 하는 '각개전투의 정글'에서, 영웅적 개인을 기대하는 것은 망상이다.

가면 민주주의를 넘어서려면 일상의 민주주의, 곧 사회 민주화를 이루어야 한다. 가정, 학교, 일터에서 사회 민주화를 구현하기 위해서는 특히 두 가지가 시급하다. 노동자의 신분상 불안을 제도적으로 불식할 '노사공동결정제'를 도입해야 하고, 권위주의적 성격을 치유할 '민주시민 교육'을 강화해야 한다.

가면 민주주의는 우리 사회가 불안이 지배하는 사회, 연대가 실종된 사회, 감시가 전면화된 사회임을 폭로한다. 가면은 또한 우리 자신의 거대한 무력감에 대한 자기연민이며, 우리 일상의 비민주성에 대한 자기고백이다. 이런 의미에서 가면 민주주의는 한국 민주주의의 현주소인 동시에 이를 극복하고자 하는 의지의 표현이다.

가면 민주주의는 전태일이 전형적으로 보여주었던 '억압받는 자의 위엄'조차 사라져가는 시대가 도래했다는 신호이다. 인격화된 저항이 사라진 자리에 익명화된 저항이 들어선 것이다. 저항이라는 가장 인간적인 행위에서마저도 인간이 소거되는 시대에 우리는 살고 있다.

(2018. 5. 20)

총체적 파국을 넘어서

이명박 정부 시절, 나는 한국연구재단을 상대로 소송을 제기한 적이 있다. 전문가 심사에서 1위로 평가받은 연구과제가 최종심사에서 부당하게 탈락했기 때문이다. 사상 초유의 일이었다. 노무현 대통령 서거 직후 제일 먼저 '교수시국선언'을 발표한 것이 화근이었다. 2년에 걸친 재판에서 패소 판결을 받고 나는 깊은 충격에 빠졌다.

양승태 사법부의 추악한 모습을 보며, 이제야 그 판결을 이해하게 되었다. 법원이 권력에 의해 짓밟힌 정의를 다시 세우리라는 기대가 얼마나 순진한 환상이었는지 깨달았다. 법관이 정의의 준칙이 아니라, 권력의 입맛에 맞추어 판결한다는 것을, 심지어 조직의 이해를 위해서는 권력과의 '거래'도 서슴지 않는다는 것을 양승태 사법부가 확실히 깨우쳐주었다.

어디 사법부뿐이랴. 둘러보면 온 천지가 전도된 세상이다. 국민의 생명을 지켜야 할 군대가 국민을 적으로 몰아 쿠데타를 모의하고, 공정한 경제 질서를 세워야 할 공정거래위원회가 재벌 기업과 퇴직 후 일자리를 뒷거래하고, 국민을 대신해 주요 기관을 감독해야 할 국회의원이 피감 기관의 돈을 받아 외유를 다니는 세상이다. 하긴 촛불 혁명의 후예를 자처하는 정부의 대통령과 장관이 국정 농단 재판을 앞둔 재벌 총수에게 투자를 구걸하는 판국이니 나라의 기강이 제대로 서겠는가. 가히 총체적 파국의 국면이다.

지금 우리가 목도하는 것은 국가 기관의 단순한 부패가 아니라, 전면적 자기부정이다. 법원이 정의를 부정하고, 군대가 국민의 안전을 부정하고, 공정위가 공정성을 부정하고, 국회가 민의를 부정하는 것은 곧 자신의 존재 이유를 부정하는 것이다.

국가를 떠받치는 법원, 군대, 국회, 정부 기관이 스스로를 부정하며 붕괴하는 총체적 파국의 상황이다. 문재인 정부는 이 비상한 국면을 비상한 각오로 극복해야 한다. 대법원, 기무사, 공정위, 국회에 대해서는 국헌문란의 차원에서 엄격하게 수사하고, 단호하게 징벌해야 한다. 특히 특활비나 선거제도 개혁 문제에서 혁신의 기수는커녕 수구의 화신으로 퇴행하고 있는 더불어민주당에 대해서는 엄중 경고하고 근본적 쇄신을 요구해야 한다.

단기적 조치와 함께 장기적인 비전도 가다듬어야 한다. 총체적 파국에 대한 '근원 치료'를 위해서는 무엇보다도 교육개혁이 절실하다. 이는 한가한 교육입국론이 아니다. 잘못된 교육으로 인한 엘리트들의 집단 이기주의와 공적 책임 의식의 부재가 국가의 존립 자체를 위협하고 있다.

양승태 사법부가 보여준 것은 법원의 타락을 넘어, 교육의 파탄이다. 사법부는 한국 교육이 길러낸 '우등생들의 집합소'라고 여겨지기 때문이다. 법관들의 순응주의, 자기검열, 권위주의, 반지성주의, 특권의식, 기회주의는 한국 교육이 각인한 성격 구조를 전형적으로 보여준다. 현재의 교육이 지속되는 한 '양승태 체제'도 지속될 것이다.

한국 교육의 패러다임을 경쟁과 우열, 승자독식의 원리에서 교감과 평등, 연대의 원리로 전환하지 않는 한 한국 사회는 오만하고 이기적인 엘리트들이 대중을 깔보며 자신들의 특권 수호에만 매진하는 엘리트 특권 사회로 굳어져갈 것이다. 이런 상황에서도 교육부는 교육 문제를 단지 입시 문제로 보며 경쟁을 부추기고 있으니, 그 무능과 단견에 절망할 뿐이다.

총체적 파국의 책임은 물론 문재인 정부의 몫은 아니다. 그러나 총체적 파국을 타개할 책임은 현 정부의 몫일 수밖에 없다. 문재인 정부는 촛불 혁명 정부라는 자의식을 되살려 총체적 파국의 현실을 근본적 변혁의 계기로 삼아야 한다.

(2018. 8. 12)

2장

앞으로 가려고 뒤를 본다

세상에서 가장 아름다운 '걸림돌'

"여기 마르크그라프 알브레히트가(街) 8번지에 살았고, 1940년부터 1945년까지 유태인을 숨겨줬던 가수이자 배우 에르네스티나 갈라르도(1912~1982)를 추모하며."

2017년 여름 독일 베를린에서 묵었던 집의 현관 복도에 놓인 작은 액자에 담긴 글귀다.

역사학자 이동기 교수가 알려준 독일의 새로운 '기억 문화'는 충격적이었다. 현관문을 열고 거리로 나서자 바로 문 앞에 손바닥만한 크기의 황동판 세 개가 눈에 잡혔다. "이 집에 1943년 5월 19일 테레지엔슈타트로 이송되어 1944년 아우슈비츠에서 살해당한 게르트루트 카우프만(1887년생)이 살았다.", "이 집에 1943년 3월

3일 이송되어 아우슈비츠에서 살해당한 율리우스 바어(1899년생)가 살았다.", "이 집에 1943년 3월 3일 이송되어 아우슈비츠에서 살해당한 에르네스티네 바어(1895년생)가 살았다."

추모 액자와 황동판은 하나의 서사를 전하고 있었다. 마르크그라프 알브레히트가 8번지에서만 세 명의 유태인이 아우슈비츠로 끌려가 죽임을 당했고, 한 사람의 의인이 목숨을 걸고 유태인을 숨겨줬던 것이다.

마르크그라프 알브레히트가는 베를린의 번화가인 쿠어퓌르스텐담과 맞닿아 있는 중산층 거주 지역이다. 100미터 남짓한 이 아담한 거리에 유태인을 추모하는 황동판이 무려 36개나 심어져 있는 것을 보고 경악했다. 이 아름답고 평온한 거리가 아우슈비츠와 연결돼 있다는 사실이 비현실적으로 여겨졌다. 일상에 불현듯 틈입한 역사에 아득한 현기증을 느꼈다.

거리에 황동판을 심는 일을 시작한 이는 군터 뎀니히라는 예술가다. 그의 목적은 "번호로 불리며 살해당한 희생자들이 자유인으로 살았던 마지막 거처에 그들의 '이름'을 되돌려놓는" 것이다. 가로, 세로, 높이 10센티미터의 돌 위에 황동판을 붙여놓은 이 작은 추모석을 그는 슈톨퍼슈타인(Stolperstein)이라고 명명했다. 우리말로는 '걸림돌'이다. 아직 이 걸림돌에 걸려 넘어졌다는 사람은 없다. 땅을 파고 박아놓았기 때문이다. 그러나 이 걸림돌에 걸려 넘어지지 않은 독일인도 없으리라. 그들의 끔찍한 과거를 매일 마주쳐야 하기 때문이다.

한번은 허리를 굽히고 앉아 '걸림돌'을 보고 있는데, 한 할머니가 다가와 말을 건넸다. "아름답지 않아요? 이렇게 과거를 불러내는 것이. 더욱이 희생자의 과거를 잊지 않고 매일같이 만나는 것은 정말 아름다운 일이에요."

홀로코스트의 비극적 과거를 떠올리는 일을 그녀는 '아름답다'고 했다. 생뚱맞다 싶었지만, 한편으론 참 적절한 표현이라는 생각도 들었다. 헤겔은 아름다움이란 "감각적으로 표현된 이념"이라고 했다. 이 조그마한 돌덩이가 우리의 눈과 가슴에 닿아 인류 평화와 인간 존엄의 이념을 환기시킨다면 그 어떤 예술 작품보다도 아름답다고 할 수 있지 않을까.

매일 집 앞에서 아우슈비츠를 만나야 하는 독일인의 심정이 궁금해, 한 중년 여성에게 걸림돌이 주는 심리적 부담감에 대해 물었다. 돌아온 답은 뜻밖이었다. "마땅히 짊어져야 할 부담입니다. 우리는 지금 과거와 만나는 새로운 방법을 배우고 있습니다."

'아름다운 걸림돌'은 이제 독일을 넘어 유럽 전역에 6만 5천 개 넘게 심어졌다. 공적 역사에 묻혀온 개인적 역사가 '집 앞에 되살아나고, 익명의 희생자들이 잃어버린 이름을 되찾고 있다. 독일인들은 아침마다 과거의 '걸림돌'에 걸려 비틀거릴 테지만, 바로 그렇게 과거와 함께 살아가는 법을 새롭게 배우고, 결국 과거를 넘어설 것이다.

(2017. 8. 13)

오늘의 독일을 만든 건 아우슈비츠다

오늘의 독일을 만든 것은 라인강의 기적이 아니라 아우슈비츠의 비극이다. 아데나워 수상이 이룩한 경제 발전이 독일(서독)의 급속한 성장에 토대가 된 것은 사실이지만, 독일이 오늘날 유럽연합의 주도국으로서 경제적인 위상뿐만 아니라 정치적, 도덕적 권위를 누릴 수 있게 된 것은 무엇보다도 나치 과거에 대한 철저한 청산 덕분이다.

독일의 현대사는 곧 아우슈비츠와의 대결의 역사다. "인간 존엄은 불가침하다"라는 독일 헌법 제1조 속엔 아우슈비츠의 과거에 대한 통절한 반성이 서려 있다. 홀로코스트를 저지른 국가로서 독일의 존재 이유는 — '독일인의 주권'이 아니라 — '인간 존엄'

을 수호하는 데 있다는 말이다. 독일 국가정보기관의 이름이 '헌법수호청'인 것도 바이마르 헌법을 짓밟은 나치즘의 과거를 되풀이하지 않겠다는 의지를 표현한 것이다.

독일의 교육도 아우슈비츠의 산물이다. '더 이상 아우슈비츠가 반복되어서는 안 된다'는 쓰디쓴 각성이 오늘의 독일 교육을 만들었다. 사회 적응보다 권력 비판을 중시하는 독일의 '비판 교육'은 학교를 민주주의의 실험실로 삼았다. 불의한 권력에 맞서는 능력을 키우는 '저항권 교육', 정치가의 거짓 선동을 분별하는 안목을 기르는 '선동가 판별 교육', 잘못된 권위에 굴종하거나 그릇된 권위를 행사하는 것을 막는 '반권위주의 교육'이 독일인을 성숙한 민주주의자로 길러냈다.

독일 경제 기적의 숨은 공신인 '노사공동결정제'도 아우슈비츠의 '선물'이다. 노동이사와 주주이사가 50퍼센트씩 참여하여 이사회를 구성하는 이 파격적인 제도는 본래 나치 청산의 일환으로 생겨난 것이다. 독일의 대기업들이 히틀러 정권에 하릴없이 굴복하여 나치의 부역자로 전락한 역사적 경험이 노동자의 민주적 통제권을 강화해야 한다는 인식을 노사가 공유하게 했던 것이다. 이런 과정을 통해 독일은 노동자의 경영 참여율이 세계에서 가장 높은 나라가 되었고, 그것이 독일 경제를 세계 최강으로 만들었다.

여기서 주목해야 할 점은 과거 청산을 국가의 기본 이념으로 삼은 것이 독일을 '성숙'하게 했을 뿐만 아니라 '부강'하게 했다는 사실이다. 독일에서 과거 청산은 경제 발전의 족쇄가 아니라 견인

차였다.

독일이 철저한 과거 청산을 통해 한 단계 성숙한 사회로 나아간 반면, 대한민국은 '청산되지 않은 과거'가 개혁의 발목을 잡고 있다. 친일의 과거, 냉전 반공주의의 과거, 군사 독재의 과거에서 자유롭지 못한 정치세력이 개헌, 선거법 개정, 한반도 평화 등 정부의 개혁 정책을 사사건건 가로막고 있는 현실은 과거 청산이 이 시대의 가장 중요한 과제임을 새삼 깨닫게 한다.

대한민국 임시정부 100주년을 맞은 2019년은 과거 청산의 원년이 되어야 한다. 새로운 세기는 새로운 세력의 세기가 되어야 한다. 지난 100년이 친일-냉전-독재 세력이 주류였던 시대였다면, 새로운 100년은 새로운 세력들이 각축하는 시대가 되어야 한다. 현재의 집권 세력, 즉 민족-평화-민주 세력은 철저한 과거 청산을 통해 과거 세력을 정치의 무대에서 물리치고, 새로이 열린 공간에서 민족주의를 넘어선 '국제주의', 평화를 승화한 '정의', 민주를 실체화한 '복지'를 주창하는 미래 세력과 경쟁해야 한다. 이렇게 새로운 100년은 새판에서 시작되어야 한다.

독일은 아우슈비츠의 나라다. 비극적 과거에 대한 진지한 청산이 새로운 독일을 만들었다. 대한민국은 아직 제주의 나라, 광주의 나라, 남영동의 나라가 아니다. 과거는 여전히 우리에게 도착하지 못했다. 그렇기에 새로운 100년의 문은 과거 청산이라는 열쇠로 열어야 한다.

(2019. 3. 10)

청산되지 않은 과거는 반드시 돌아온다

"일본이 돌아왔다." 2년 전 아베 신조 총리가 장담한 대로, 일본은 마침내 '전쟁할 수 있는 나라'로 돌아왔다. 2015년 9월 19일 새벽, 아베 정권은 참의원 회의에서 집단적 자위권 행사를 골자로 한 '안보법안'을 전격적으로 통과시켰다. 미래의 역사는 이날을 일본 군국주의가 부활한 날로 기록할지도 모른다.

미국 언론이 일본의 안보법안 통과에 대해 전반적으로 우호적인 어조를 보이는 것과는 달리, 독일 언론은 "일본, 평화와 결별하다"(《슈피겔》), "평화주의로부터의 일탈인가"(《프랑크푸르터 알게마이네 차이퉁》), "일본 의회 군부의 역할 강화하다"(《디 차이트》) 등의 제목에서 보듯이 대체로 우려하는 분위기다.

독일 언론의 이런 기조는 같은 과거를 가졌으나 다른 길을 걸어온 독일과 일본의 현대사에 기인한다. 독일과 일본은 제2차 세계대전 당시 동맹국이었지만, 종전 후 독일이 철저한 과거 청산을 통해 나치즘의 과거를 극복한 반면, 일본은 과거와의 진지한 대면을 회피함으로써 군국주의의 과거에서 벗어나지 못하고 있다.

이번 안보법안 통과는 군국주의 망령의 부활을 알리는 전조다. 청산되지 않은 과거는 반드시 돌아온다는 것을 새삼 깨닫는다.

일본과 달리 독일의 경우는 성공적인 과거 청산이 국가 발전의 토대이자 원동력이었음을 보여주는 역사적 사례다. 7년간의 독일 유학 기간 동안 독일의 철저한 과거 청산에 깊은 감동을 받았다. 내겐 그들의 과거 청산이 '과잉 청산'으로 보였고, 그들의 역사관이 '자학 사관'으로 느껴질 정도였다. 독일의 수천 년 역사에서 히틀러의 집권 기간은 12년에 불과하지만, 독일의 학교에서는 이 기간을 가장 중요하게 다루고, 교육목표 또한 '제3제국의 역사가 반복되어서는 안 된다'는 데 놓여 있다. 반권위주의 교육, 저항권 교육, 선동가 판별 교육 등 일련의 '정치 교육'을 중시하는 것도 나치 청산의 일환이다. "독일인이라는 것이 의미하는 것은 나치 과거와 대결한다는 것"(클레멘스 알브레히트)이라는 말이 학교에서 실천되고 있다. 독일 학교는 마치 나치 과거와 싸우는 전쟁터와 같다.

나치의 최대 피해자인 유태인에 대한 태도에서도 독일의 과거 청산의 진정성을 느낄 수 있다. 베를린 훔볼트대학 앞 광장 한가운데에는 "책을 불태운 자는 언젠가 인간을 불태울 것"이라는 '유태인 시인' 하인리히 하이네의 경고가 새겨져 있고, 훔볼트대학 본관엔 '유태인 철학자' 카를 마르크스의 포이어바흐 테제가 한복판에 붙어 있다. 독일 문화의 상징인 괴테의 동상은 시민공원 한 모퉁이에 서 있는 반면, 베를린의 중심 브란덴부르크 문 가장 가까이에 자리 잡고 있는 건 대규모의 유태인 추모공원이다. 베를린은 상징물의 공간적 구조를 보면 '유태인의 도시'를 방불케 하며, 도시 전체가 나치 과거에 대한 '거대한 반성문'이다.

일본은 독일과는 정반대의 길을 걸어왔다. 지금까지도 식민 지배의 과거에 대해 진정한 반성도 사과도 없으며, 역사를 왜곡하고, 전범을 추모하는 상식 이하의 행태를 멈추지 않고 있다. 청산되지 않은 과거가 일본의 현재와 미래에 먹구름을 드리우고 있다.

이것은 남의 일이 아니다. 우리에게도 청산되지 않은 과거가 매일매일 돌아오고 있다. 영화 〈암살〉의 놀라운 흥행은 역설적으로 우리의 과거가 여전히 청산되지 않았음을 확인해 준다. A급 전범 기시 노부스케의 손자 아베 신조 총리의 과거가 '안보법안'으로 돌아오듯이, 선대가 친일 전력에서 자유롭지 못한 박근혜 대통령과 김무성 대표의 과거는 '역사 교육의 축소와 왜곡'으로 돌아오고 있다.

(2015. 9. 20)

브란트 정부와 문재인 정부

오늘날 '독일' 하면 으레 '동방정책', '과거 청산', '복지국가'를 떠올리는 사람이 많지만, 이런 독일이 빌리 브란트 정부의 '작품'이라는 사실을 아는 사람은 많지 않다. 사실 전후 서독은 지금 우리가 알고 있는 독일과는 전혀 다른 나라였다. 아데나워 정부의 '서방 통합' 정책에 따라 '반공의 방어벽'을 자임한 냉전의 최전선 국가였고, 1960년대 중반까지도 나치 전력이 있는 쿠르트 키징거가 총리에 오른 사례에서 보듯 "청산되지 않은 과거의 악취"(귄터 그라스)가 진동하는 나라였으며, '라인강의 기적'이 상징하듯 복지보다는 성장을 우선시한 나라였다. 이런 독일이 브란트 정부가 들어서면서 완전히 새로운 나라로 탈바꿈한 것이다.

브란트는 동방정책으로 미-소 냉전을 주도적으로 허물면서 독일 통일과 유럽 통합의 길을 열었고, 과감한 사회개혁으로 복지국가의 기틀을 놓았으며, 나치 과거에 대한 진정한 사죄와 담대한 청산을 통해 독일을 과거 청산의 모범 국가로 만들었다. 브란트 정부 하에서 독일은 '새로운 나라'로서 '제2의 건국'을 이룬 것이다. 그러니 우리가 알고 있는 독일은 정확히 말하면 '브란트 이후의 독일'이다. 브란트는 정치 지도자의 용기와 비전이 한 국가를 어디까지 변화시킬 수 있는지를 여실히 보여준 독일 현대사의 거목이었다.

브란트 정부가 독일 역사의 전환점이 될 수 있었던 것은 무엇보다도 1960년대 후반 전 유럽을 휩쓴 68혁명의 흐름 속에서 탄생한 정부였기 때문이다. 브란트 정부는 전후 정권 교체를 이룬 최초의 사민당 정부로서 68혁명의 계승자라는 '혁명정부'의 정체성을 지니고 있었다. 바로 이것이 거대한 전환을 추동시킨 원동력이었다.

문재인 정부는 두 가지 점에서 브란트 정부와 닮았다. 첫째는 혁명정부라는 점이다. 브란트 정부가 '68혁명'의 후예라면, 문재인 정부는 '촛불 혁명'의 적자이다. 두 정부가 모두 선거라는 민주적 형식을 거치기는 했지만, 두 정부를 탄생시킨 것은 사회의 근본적 변화를 바라는 혁명적 열망이었다. 둘째는 두 정부가 직면한 시대적 과제가 유사하다는 것이다. 과거 브란트 정부 앞에 놓인 문제, 즉 분단국가, 과거 청산, 사회개혁, 권위주의의 문제는 그대로 오늘 문재인 정부가 마주한 문제이기도 하다.

문재인 정부는 브란트 정부처럼 혁명정부로서의 정체성을 가지고 거대한 전환을 주도해야 한다. 한국 현대사의 적폐를 청산할 마지막 기회라는 절박한 역사의식과 변혁 의지를 가지고 한국 사회를 뿌리부터 개혁해야 한다. 기존의 틀 안에서 새로운 정책을 수행하는 것을 넘어, 기존의 틀 자체를 부수는 새로운 패러다임을 만들어내야 한다. 냉전 체제에서 평화 체제로, 성장 경제에서 분배 경제로, 권위주의 사회에서 탈권위주의 사회로, 형식적 민주주의에서 실체적 민주주의로, 발전 이데올로기에서 행복 담론으로, '청산 없는 역사'에서 철저한 '과거 청산'으로 역사적 대전환을 이루는 분기점이 되어야 한다.

문재인 정부는 '3기 민주 정부'나 '2기 노무현 정부'가 아니라, 시민혁명이 잉태한 '1기 혁명정부'라는 자의식을 가져야 한다. 지난 70년간 이 나라를 '기형 국가'로 불구화한 강고한 기득권 체제를 혁파하는 것, 새로운 '정책'을 넘어 새로운 '체제'를 창출하는 것, 한국 사회의 패러다임을 바꾸는 전환 시대의 선봉장이 되는 것—이것이 문재인 정부에 부여된 시대적 과제다. 독일 현대사가 브란트 정부 이전과 이후로 나뉘듯, 문재인 정부도 한국 현대사의 역사적 분수령이 되길 기대한다.

(2017. 5. 21)

68혁명 50주년과 한국의 특수한 길

촛불 혁명을 보며 나는 한국 민주주의의 위대성과 한계를 동시에 느꼈다. 왜 우리는 위대한 민주혁명의 전통에도 불구하고 반복하여 (유사) 파시즘의 야만으로 추락해 온 것일까? 왜 우리는 자랑스러운 '광장 민주주의'에도 불구하고 생활 세계에서는 여전히 '아주 습관화된 파시즘'의 일상을 살아가는가?

2018년 10월 초 중앙대 독일유럽연구센터 주최하에 '새로운 세계의 도전과 새로운 세대의 상상력, 1968~2018'이라는 주제로 열린 국제학술대회는 이 오랜 의문을 푸는 데 한 줄기 빛을 비춰줬다. 도쿄대, 베이징대, 케임브리지대, 프랑크푸르트대 등 8개국 대학의 학자와 학문 후속 세대가 모여 '68혁명' 50주년을 결산하는 이 학술 행사를 치르면서 나는 오늘날 한국 사회가 앓고 있는 문제들이 대부분 이미 50년 전 다른 나라들이 겪은 것들이며, 이러한 '지각 현상'이 생겨난 것은 한국이 세계사의 보편적 흐름에서 유리되었기 때문이라는 사실을 새삼 깨달았다.

68혁명은 "역사상 두 번째 세계혁명"(이매뉴얼 월러스틴)으로서 에릭 홉스봄의 말처럼 "이 장대하고 극적인 사건이 영향을 미치지 않은 곳은 세계 어디에도 없었다." 그러나 한국만은 예외였다. 한국은 현대 세계를 만든 이 세계혁명의 세례를 받지 못했기 때문에 시대착오적인 다른 길을 걸어온 것이다.

68혁명은 1968년 5월 프랑스 파리에서 발화되어 베를린, 로마로 번지더니, '철의 장막'을 넘어 '프라하의 봄'을 점화하고, 다시 도버해협을 건너 런던을 불사르더니, 대서양을 넘어 뉴욕, 미국 대륙을 횡단하여 샌프란시스코에 닿았고, 다시 태평양을 건너 도쿄까지 덮쳤다. 그러나 이 거대한 세계혁명의 불길은 군사정권이 지배하던 반공국가 대한민국의 해협은 건너지 못했다.

유독 한국에서만 68혁명이 일어나지 않은 이유는 무엇인가. 극단적 반공주의, 근대화 담론의 배타적 지배, 세상 물정에 어두운 지식인 사회, 언론의 왜곡 보도, 아메리카니즘 등 여러 이유가 있지만, 가장 결정적인 이유는 베트남 전쟁이었다. 한국은 전 세계 지식인과 대학생이 반대한 베트남 전쟁에 전투병(32만 명)을 파견한(미국을 제외하면) 사실상 유일한 나라였다. 전 세계가 "모든 형태의 억압으로부터의 해방"을 외칠 때 한국은 철저한 군대사회,

병영국가로 재편된 것이다. 이러한 '한국 예외주의'가 이후 한국 사회를 세계 공론장의 흐름에서 배제된 '무지의 골짜기'에 가두고, 한국인의 삶을 지속적으로 억압해 왔다.

우리는 지금 매일같이 '50년 지각한 68혁명'의 현실을 목도하고 있다. '미투 운동'이 보여주는 지극히 취약한 페미니즘과 여성인권, '가면 쓴 민주주의'의 현실, 백인 선망과 유색인 차별에서 보이는 외국인에 대한 이중적 태도, 장애인·동성애자·난민 등 소수자에 대한 인권 감수성의 부족, 성해방 의식과 정치적 상상력의 빈곤, 사회적 정의에 대한 감수성과 반권위주의 교육의 부재 등 일일이 다 손꼽기도 어렵다.

68혁명의 부재 때문에 한국은 현대사에서 유례가 없는 부조리한 사회가 되었다. 소외, 자율, 탈물질주의, 반권위주의가 아직도 도착하지 않은 사회, 페미니즘과 생태주의, 평화주의에 대한 녹색 감수성이 빈약한 사회, '민주주의자 없는 민주주의' 사회, 군사 문화가 생활세계의 구석구석에 배어 있는 병영사회가 된 것이다.

'68혁명'은 세계 어디에서나 해방의 시작을 알렸지만, 한국에서만은 억압의 시작을 의미했다. 이제라도 이 뒤집힌 역사를 바로잡아 68혁명이 꿈꾸던 사회, 모든 억압으로부터 해방된 성숙한 사회로 나아가야 한다. 그렇게 헬조선을 넘어서야 한다.

(2018. 10. 14)

독일의 68세대와 한국의 86세대

오늘의 독일은 68세대의 작품이다. 부조리한 세계, 억압적인 사회를 근본적으로 변혁하고자 했던 68혁명의 소용돌이 속에서 성장한 세대가 오늘의 독일을 만든 것이다.

68세대는 나치 전력을 가진 자가 수상이 되는 파렴치한 나라를 철저한 '과거 청산의 나라'로 바꾸어놓았고, '라인강의 기적' 속에 사회적 불평등이 심화되던 나라를 모범적인 복지국가로 변화시켰으며, 사회의 모든 영역에서 민주주의를 '감행'함으로써 풀뿌리 민주주의를 정착시켰고, 동서독의 오랜 적대를 허물고 평화의 시대를 열어젖힌 동방정책을 발전시켰다. 한마디로, 68세대는 '새로운 독일'을 탄생시켰다.

68세대의 지지에 힘입어 전후 최초로 정권 교체에 성공한 브란트 정부는 68세대의 꿈을 현실로 옮겼다. '경쟁은 야만'이라는 철학 아래 아이들에게 경쟁을 금하고 자유와 행복감을 만끽하게 하는 학교, 학비가 없을 뿐만 아니라 '연구 보수'라는 명목으로 생활비까지 주는 대학, 자전거를 타고 다니는 검소하고 유능한 의원들로 채워진 연방의회, 노동자들이 이사회의 절반을 차지하는 기업, 100만 난민을 받아들이는 성숙한 시민사회—이것이 68세대가 만들어낸 독일이다.

한국에서 독일의 68세대에 조응하는 세대는 86세대(586세대)이다. 86세대는 폭압적인 군사 독재에 용감하게 맞서 싸웠고, 민주적인 국가, 정의로운 사회, 평화로운 한반도를 꿈꿨다. 이들의 용기와 사명감은 독일의 68세대보다 뜨거웠다.

독일의 68세대가 브란트 정부를 통해 정권 교체를 이루고 사회 개혁의 중심 세력이 됐던 것처럼, 한국의 86세대도 김대중 정부로 최초의 정권 교체를 이루었고, 노무현·문재인 정부로 이어지는 민주개혁 정부에서 중추적인 구실을 했다. 이런 의미에서 한국 사회의 오늘도 상당 부분 86세대의 '작품'이라고 할 수 있다.

한국의 86세대도 독일의 68세대처럼 사회를 근본적으로 바꿔놓았는가. 학생은 살인적인 경쟁에서, 대학생은 경제적인 압박에서, 청년은 실업의 고통에서, 노동자는 해고의 불안에서, 실업자는 생존의 공포에서, 여성은 성적 억압에서 해방되었는가. 사회는 더 평등해지고, 국가는 더 정의로워졌는가. 국민은 더 행복해졌는

가. 알다시피, 한국 사회는 점점 더 '헬조선', 즉 시대착오적인 지옥으로 변해가고 있다. 86세대는 정치 민주화에는 기여했으나, 사회를 질적으로 변혁하는 데는 실패한 것으로 보인다. 왜 실패한 것인가.

첫째, 정치적 비전이 빈한했다. 독일의 68세대가 '모든 억압으로부터의 해방'을 꿈꿨던 반면, 한국의 86세대는 군사 독재 타도가 일차적인 목표였다. 68세대가 사회의 '전면적 해방'을 모색했다면, 86세대는 정치 민주화라는 '특수한 해방'에 집중했다. 한국 사회가 정치 민주화에도 불구하고, 사회 민주화, 경제 민주화, 문화 민주화가 여전히 요원한 현실은 해방적 상상력의 빈곤에 기인한다.

둘째, 도덕적 우월감의 덫에 갇혔다. 86세대의 적수는 언제나―자유롭고 평등한 이상사회를 꿈꾸는 진보주의자가 아니라―기득권을 고수하려 온갖 편법을 서슴지 않는 기회주의적 수구 세력이었기에, 이들은 늘 도덕적으로 우위에 있다는 느낌을 가졌다. 이것이 이들을 무능하게 했다. 이미 사라졌어야 할 역사의 유령과 싸우다가 그들 자신도 역사의 퇴물이 되어갔다.

셋째, 파시즘의 역설 때문이다. 86세대는 젊은 시절 목숨을 걸고 파시즘의 야만과 싸운 세대이다. 이 위대함이 일상에서 이들의 한계가 되었다. "파시즘이 남긴 최악의 유산은 파시즘과 싸운 자들의 내면에 파시즘을 남기고 사라진다는 사실"이라는 브레히트의 예리한 통찰처럼, 86세대는 밖으로는 파시즘과 싸우면서 안

으로는 파시즘을 키웠다. 이것이 오늘날 회자되는 '꼰대론'의 연원
이다.

86세대의 실패는 이 세대의 비극을 넘어 한국 사회의 비극이
다. 한때 정의를 외치며 자신을 희생했던 세대의 정치적 실패는
사회 전반에 더 큰 실망감과 좌절감, 냉소주의와 패배주의를 퍼
뜨린다. 지금 한국 사회를 휘감고 있는 거대한 무력감의 뿌리는
바로 여기에 있다.

지금이 86세대에게는 어쩌면 마지막 기회다. 재벌개혁, 정치개
혁, 교육개혁, 검찰개혁, 사법개혁을 결연히 감행하여 100년 대한
민국을 '새로운 대한민국'의 원년으로 만들어야 한다. 그리하여
후세대에게 '지옥'을 넘겨주지 않는 것, 이것이 86세대에게 남겨
진 마지막 시대적 소명이다.

(2019. 5. 5)

독일 경제 기적을 낳은 노동자 경영 참여

서울시는 2016년 5월 10일 국내 최초로 '노동이사제' 도입을 선언했다. 노동자가 기업 및 기관의 이사가 되어 주요 의사 결정에 참여하는 노동이사제는 우리에게는 무척 생소하지만, 유럽에서는 이미 상당히 보편화된 제도다.

유럽연합 27개 회원국 가운데 18개국에서 이 제도가 시행되고 있다. 독일, 프랑스, 네덜란드, 덴마크, 스웨덴, 핀란드 등 중·북부 유럽 국가 대부분이 노동이사제를 채택하고 있는 반면 이 제도가 없는 곳은 영국, 아일랜드, 스페인, 이탈리아, 그리스 등 영어권과 남유럽권 몇몇 국가뿐이다. 최근 심각한 경제위기를 겪고 있는 스페인, 이탈리아, 그리스, 아일랜드 등이 모두 노동이사제가 없는 나라다.

노동자 경영 참여가 가장 모범적으로 이루어진 나라는 독일이다. 독일에선 노동이사제를 '공동결정제'라고 부른다. 노동자 가운데 선출된 노동이사와 주주총회에서 선출된 주주이사가 동수로 이사회를 구성하여 주요 안건을 공동 결정하기 때문이다.

어떻게 노동자가 이사회의 절반을 차지하는 일이 가능했을까? 노동자와 주주가 동등하게 이사회를 구성하도록 규정한 1951년 '광산철강산업(Montan) 공동결정법'이 출발점이었다. 이 법은 첨예한 노사 갈등을 잠재워 산업 평화를 이루고, '라인강의 기적'이라 불린 놀라운 경제 기적을 낳은 토대가 되었다. 공동결정제의 경제적 사회적 효과에 주목한 이들이 그 적용 대상을 모든 기업으로 확대하려 했고, 마침내 1976년 노사 동수의 이사회 구성을 핵심 내용으로 하는 '공동결정법'이 의회에서 통과된 것이다.

흥미로운 것은 이 법이 통과되는 과정이다. 이 '혁명적인' 법이 연방의회에서 압도적인 다수로 가결된 것이다. 찬성 389 대 반대 22였다. 보수당인 기민당(CDU)도, 자유시장경제를 내세우는 자민당(FDP)도 대부분 찬성표를 던졌다. 특히 감동적이었던 것은 "입법기관을 선출하고 정부 구성에 영향력을 행사하는 '국가시민'이 '경제시민'으로서는 노예로 강등되어서는 안 된다"는 자민당 원내대표 볼프강 미슈니크의 연설이었다. 진보-보수-자유주의자 모두를 아우르는 '거대한 합의'를 통해 독일은 노동자가 이사회의 절반을 차지하는 세계 유일의 나라가 된 것이다.

독일에서 공동결정제에 대한 평가는 전반적으로 긍정적이다. 빌레펠트대학 베르너 아벨스하우저 교수는 공동결정제를 "독일 산업의 역동성과 경쟁력의 원천이자, 경제적 성공의 비결"이라고 평가했다. 최고경영자들도 공동결정제의 장점을 대체로 인정한다. 연방화학산업경영자연맹의 베르너 베닝 회장은 "사회적 시장 경제는 공동결정제를 중시한다"며, 공동결정제가 "독일의 민주 문화에서 중요한 역할을 하고 있음"에 주목한다.

정치인들도 공동결정제에 강한 자부심을 갖고 있다. 앙겔라 메르켈 총리는 이 제도를 독일이 이룬 "위대한 업적"이라고 극찬했고, 요아힘 가우크 대통령은 "독일은 기업에서 공동결정제를 필요로 하고, 노동의 일상에서 살아 있는 민주주의를 필요로 한다"며 이 제도가 독일 민주주의를 강화하고 있음을 강조했다.

독일이 우리에게 주는 시사점은 분명하다. 민주적인 기업이 강한 기업이고, 노동자를 중시해야 경제가 발전한다는 것이다. 독일은 공동결정제를 통해 기업 민주화, 노사 협력, 산업 평화를 이루었고, 그 바탕 위에서 경제 발전과 사회 안정을 실현할 수 있었다. 서울시가 추진하는 노동이사제가 사용자의 횡포와 노동자의 저항이라는 한국 사회의 고질적인 악순환의 고리를 끊는 '거대한 전환'의 신호탄이 되길 기대한다.

(2016. 5. 15)

귄터 그라스의 나라

2015년 4월 13일, 독일의 노벨상 수상 작가 귄터 그라스가 세상을 떠났다. 독일 제1국영방송(ARD)은 이날 저녁 8시부터 11시까지 그라스 추모 방송을 긴급 편성했고, 독일의 지성을 대표하는 주간지 《디 차이트》는 무려 일곱 쪽의 지면을 '그라스 추모'에 할애했다. 독일의 모든 방송, 모든 신문이 그라스의 죽음을 애도하는 모습을 보면서, 한 작가에게 독일 사회가 바치는 성대한 이별 의식이 놀라웠고, 부러웠다.

귄터 그라스는 분명 위대한 작가다. 그에게 '세기의 작가', 그의 소설 『양철북』에 '세기의 작품'이라는 찬사가 따라다니는 것은 우연이 아니다. 사실적이면서 몽환적이고, 알레고리적이면서 변증법적인 그의 소설은 현대소설이 닿을 수 있는 미학적 가능성의 정점을 보여준다. 그라스는 제임스 조이스, 프란츠 카프카, 가브리엘 마르케스와 함께 20세기 문학의 고원에 우뚝 선 거봉이다.

그러나 그라스의 진정한 위대함은 '문학 너머'에 있다. 그는 '좋은 작품'을 썼을 뿐만 아니라 '좋은 독일'을 만들었다. 그는 오늘의 독일이 나치즘이 남긴 정신적·물질적 폐허 속에서 성숙한 민주공화국으로 성장하는 데 결정적인 기여를 했다. "귄터 그라스의 역사가 독일의 역사이고, 독일의 역사가 귄터 그라스의 역사"《슈피겔》라는 평가는 입에 발린 찬사가 아니다.

그라스는 위대한 '시민'이었다. 그는 선거 때마다 자원봉사자들로 유권자연합을 결성하여 선거운동에 뛰어들었다. 1969년 선거에서는 190회, 1972년 선거에서는 130회 이상의 유세를 직접 펼쳤고, 1999년 노벨상을 받고 나서 제일 먼저 한 일도 슐레스비히홀슈타인 주의회 선거에 지원 유세를 나선 것이었다. "땀을 뻘뻘 흘리며, 아주 일상적인 말로 맥주잔을 앞에 놓고" 대중들과 토론하기를 마다하지 않는 그라스에게 정치 참여의 이유를 물으면 간단한 대답이 돌아왔다. "저는 시민으로서 당연히 해야 할 일을 하는 것뿐입니다."

실로 1960년대 이후 독일 현대사의 정치적 굽이마다 그라스의 자취가 배어 있지 않은 곳은 거의 없다. 1966년 나치 전력을 가진 쿠르트 키징거가 총리로 내정되자, 그라스는 취임 전날 사임을 촉구하는 공개편지를 보낸다. "심각한 전력을 가진 당신이 총리 자리에 앉게 된다면, 학생들에게 역사 교육을 어떻게 해야 한단 말입니까? 당신은 책임만 감수하면 되지만, 우리는 그 결과와 치욕을 감수해야 합니다."

1989년 통일 공간에서는 "아우슈비츠가 있는 한 독일 통일의 도덕적 정당성은 없다"며 "민족 통일보다 유럽 통합이 우선한다"는 주장을 펼쳐 독일인들을 경악하게 했고, 불안해하던 유럽인들을 안심시켰다. 부채탕감론으로 서독인들의 '통일세' 논란을 잠재운 것도 그라스였다.

그라스는 이런 거침없는 터부 파괴로 '둥지를 더럽히는 자', '조국이 없는 놈'이라는 등 온갖 비난을 한 몸에 받았지만, 동시에 독일이 나치즘에 의해 실추된 도덕적 권위를 회복하고 유럽연합의 중심국으로 도약하는 데 정신적인 토대를 마련해 주었다. 그러니 그라스가 "독일 정체성의 생산 공장", "독일 민주주의의 교사", "독일의 비공식적 양심"이라고 불리는 것도 그다지 어색할 것이 없다. 오늘의 독일은 귄터 그라스의 정신에서 탄생한 나라인 것이다.

그라스는 필자와의 대담에서 "작가는 승자의 자리에 앉아서는 안 된다"고 했다. "역사가는 승자의 이야기를 쓰지만, 작가는 패자의 이야기를 써야 한다"는 그의 말이 지금도 귓전에 어른거린다.

치욕의 역사를 가진 독일 사회에 끊임없이 경종을 울린 '양철북 고수'여, 편히 잠드시라. 당신의 북소리로 깨어난 독일은 다시는 나치즘의 지옥으로 떨어지지 않으리니!

(2015. 5. 3)

문제는 표절이 아니다

신경숙 작가의 '표절' 논란이 일파만파로 번져가고 있다. '한국 문학을 대표하는 작가'의 표절 의혹이 커다란 사회적 충격을 주었고, 그 '배후'로 지목된 문학 권력과 이들이 빠져 있는 문학 상업주의가 비판의 도마에 올랐다. 작가의 윤리성 문제에서 발화한 논란은 바야흐로 한국 문학장 전체의 정당성 문제로 비화하는 형국이다.

다른 한편 이번 논란은 한국 문학이 빠져 있는 침체의 원인을 짚어보는 계기가 되었다. 작가의식의 쇠잔, 문단의 과두 권력, 문학장의 상업적 지배 등이 위기의 원인으로 거론되고 있다. 그러나 그게 전부일까? 위기의 근본 원인은 "문학이란 무엇인가"라는 보다 근원적인 물음과 관련이 있다.

　이런 의미에서 신경숙 작가가 표절 논란의 중심에 서 있다는 것은 상당히 징후적이다. 신경숙은 "한국의 문단과 비평계에서 '무오류의 권위'를 확보한 작가"(이명원)로서 한국 문학의 경향과 수준을 대변한다. 문학적 고전에 대한 고된 '필사'를 통해 문체를 가다듬어서인지, 신경숙의 문체는 아름답다. 그의 문학은 문체가 주제를 압도하고, 미문(美文)이 의식을 그늘 지운다. 미문에의 집착 때문에 그에겐 다른 작가의 아름다운 문장을 보면 자기도 모르게 '모방'하는 것이 제2의 천성이 되어버린 듯하다.

　문제는 이런 '무의식적 표절 행위'가 아니라, 문학을 '미문을 짓는 일'로 보는 관점이다. 신경숙 논쟁의 핵심에는 '어디까지가 표절인가' 하는 문제가 아니라, '아름다운 문장을 지어내는 것이 과연 좋은 문학인가' 하는 물음이 자리하고 있다.

　아름다운 문장은 물론 좋은 것이다. 그러나 아름다운 문장을 다듬는 일이 문학의 본령은 아니다. 문학은 인간과 시대의 심연을 더듬는 일이다. 프란츠 카프카의 문장은 결코 아름답지 않다. 오히려 차갑고, 건조하고, 때론 투박하다. 아름답기로 치면 헤르만 헤세의 문체를 따를 자가 있겠는가. 그럼에도 카프카를 더 위대한 작가로 평하는 이유는 그가 인간과 시대를 더 날카롭게 꿰뚫어보는 눈을 가졌기 때문이다. 카프카의 잠자가 '벌레'로 변신할 때, 헤세의 싱클레어는 '성숙한 인간'으로 성장한다. 『변신』과 『데미안』의 문학적 수준을 가늠하는 것은 미문이 아니라 성찰의 깊이다. 카프카는 현대인의 실존을 '벌레'라는 이미지로 포착했고, 헤세는 여전히 18세기 이상적 휴머니즘의 인간상에서 벗어나지 못했다. 카프카의 말처럼 문학은 "우리 내면의 얼어붙은 바다를 깨부수는 한 자루 도끼"와 같은 것이지, 잘 가꾸어진 아름다운 언어의 정원이 아니다.

헤겔은 "미네르바의 부엉이는 황혼이 깃들면 날개를 펼친다"는 말로 철학의 역사적 의미를 설파했다. 반면 문학은 "새로운 시대를 알리는 나이팅게일 새"에 비유되곤 한다. 철학이 지나간 시대를 해석한다면, 문학은 새로운 시대를 선취한다. 카프카는 현대인이 극단적 소외 상태로 전락할 것임을 이미 20세기 초에 예견한 나이팅게일이었다. 그의 문학적 모더니즘은 반세기가 지나 철학적 포스트모더니즘으로 계승되었다. 문학이 예견하면 철학이 확증한다. 위대한 문학은 시대의 흐름을 예리하게 읽어내는 예지적 정신이지, 아름다운 문장을 지어내는 수공적 기예가 아니다.

오늘날의 비루한 세상에선 아름다운 언어는 언제나 거짓의 언어라는 혐의에서 자유로울 수 없다. 신경숙의 미문주의는 '표절'의 유혹자일 뿐만 아니라, '진실'의 적대자일 수 있는 위험을 내포한다.

신경숙 논란에서 다시 드러난 한국 문학의 위기는 미문주의의 위기이다. 문학이 현실의 심연을 도발의 언어로 천착하지 못하고, 단지 그 표면을 아름다운 언어로 치장할 때, 문학은 이 성형의 시대에 감성의 화장술로 타락한다.

(2015. 6. 28)

박종철 고문실보다 더 끔찍한 곳

전 경찰청 남영동 대공분실에 들어선 '인권센터'에서 '인권과 민주주의'를 주제로 강연을 한 적이 있다. 대학생 박종철을 고문해 죽음에 이르게 했고, 그로 인해 1987년 6월 민주항쟁의 도화선이 됐던 역사의 현장에, 군사 독재 시절 민주화운동을 이끈 김근태를 평생 고문 후유증에 시달리게 한 악명 높은 '남영동'에, 이때 처음 가보았다.

국가 폭력의 상징인 '남영동'이 저잣거리의 한 모퉁이에 위치하고 있다는 사실에 적잖이 놀랐다. 중학생 시절 매일같이 지나다니던 바로 그 거리였던 것이다. 고만고만한 회사와 호텔과 음식점이 모여 있는 범용한 공간에 극악한 폭력이 은밀하게 자행된 야만의 장소가 숨어 있었다는 사실이 비현실적으로 여겨졌다. 잔혹한 고문의 현장이 평화로운 일상 속에 도사리고 있는 모습이 그로테스크했다.

건물 내부는 으스스했다. 공포감을 극대화하기 위해 만들었다는 달팽이형 철제 계단이 오싹한 느낌을 주었다. 박종철에게 물고문을 가한 5층 고문실은 생각보다 좁고 정갈했다. 여기서 그 순수하고 아름다운 청년이 야만적인 국가 폭력에 희생됐다니, 슬픔과 분노가 뒤섞인 복잡한 감정이 엄습했다.

사실 내게 박종철 고문실보다 더 끔찍했던 곳은 건물 바깥 정원처럼 나무로 둘러싸인 곳에 자리 잡은 테니스장이었다. 그건 테러 속의 목가였다. 그것을 본 순간 감전된 듯 찌릿한 전율이 등골을 스쳐갔다. 고문 경찰들이 '일'하는 사이사이에 밖으로 나와 서로 낄낄대며 테니스를 쳤다고 생각하니 소름이 돋았다. 그곳은 국가 폭력보다 더 잔혹한 인간성의 밑바닥을 드러내고 있었다.

한나 아렌트는 『예루살렘의 아이히만』에서 '악의 평범성'을 말했다. '죽음의 수용소' 소장 아이히만에게 진실로 경악스러운 점은 그가 너무도 평범한 인간이었다는 사실에 있다. 누구나 홀로코스트의 가해자가 될 수 있는 것이다. 아렌트가 아이히만 재판에서 '악의 평범성'에 경악했다면, 나는 남영동 테니스장에서 '악의 일상성'에 전율했다. 악은 특수한 인간에 의해 특수한 상황에서 불가피하게 자행된 것이 아니다. 악은 평범한 인간에 의해 아주 일상적으로 아무런 가책도 없이 행해졌던 것이다. 그것이 더 무서운 것이다.

남영동 고문실이 국가 폭력의 야만성을 증언한다면, 그곳의 테니스장은 악의 일상성을 상징한다. 그것은 '테니스를 치면서 고문을 하는' 세상, 즉 악이 일상화되고, 폭력이 상습화된 우리네 세상살이의 모습을 처연하게 폭로한다.

이 테니스장이 최근 논란이 되고 있다. '민주화운동기념사업회'는 테니스장 자리에 '민주인권기념관(가칭)'을 짓고자 하고, '남영동대공분실 인권기념관 추진위원회'는 원형 보존을 원한다. 둘 다 일리 있는 주장이지만, 나는 원형 보존이 더 중요하다고 생각하는 편이다. 테니스장이 우리 사회에 만연한 악의 일상성, 폭력의 편재성을 감각적으로 보여주기 때문이다. 그것은 한국 사회가 얼마나 악행과 폭력에 둔감한지를 현시한다.

'민주인권기념관'은 반드시 지어야 한다. 하지만 다른 곳에, 좀 더 규모와 수준을 높여서 '민주기념관'으로 지으면 좋겠다. 남영동의 협소한 공간에 짓는 것은 왠지 민주화운동의 역사적 의미에 값하지 못한다는 민망함이 있다. 대한민국 100년을 맞는 올해 '민주기념관' 건립 계획을 수립한다면, 그것은 국가 정체성과 시대정신에 완전히 부합하는 일이다. 지난 100년의 역사를 돌아보라. 30년 식민의 역사, 30년 독재의 역사를 이겨내며 우리는 오늘의 대한민국을 일구었다. 독립운동과 민주화운동은 대한민국 정체성의 양대 축이다. 독립운동의 역사가 '독립기념관'으로 정리되었듯이, 이제 민주화운동의 역사도 '민주기념관'으로 정립되어야 할 때가 되었다.

마침 광화문 인근의 송현동 부지에 호텔을 지으려던 대한항공의 계획이 최종적으로 취소되었다는 보도가 들린다. 어쩌면 이것은 역사의 계시인지도 모르겠다. 바로 이곳이야말로 민주기념관을 지을 최적지가 아닌가. 세계를 놀라게 한 한국 민주주의의 위대한 역사에 걸맞은 기념관은 최소한 송현동 부지 정도의 규모는 되어야 한다. 게다가 송현동은 '광화문 민주주의'의 의미를 온전히 살릴 수 있는 최적의 입지가 아닌가.

남영동은 국가 폭력과 악의 일상성을 경고하는 체험의 공간으로, 송현동은 대한민국 민주주의의 위대한 역사를 기념하는 기억의 공간으로 재탄생해야 한다.

(2019. 6. 2)

대한민국 100년, 청산 없는 역사

2019년은 역사적인 해이다. 2·8독립선언, 3·1혁명, 상해임시정부 수립이 모두 100주년을 맞는다. '대한민국'이 자주독립 운동의 불길을 타고 먼 타국에서 탄생한 지도 한 세기가 된 것이다.

대한민국이 거쳐온 지난 세기는 실로 참혹한 시대였다. 근대사의 온갖 모순과 갈등을 우리처럼 첨예하게 겪은 나라는 세계 어디에도 없다. 식민 지배, 냉전과 분단, 전쟁과 군사 독재로 점철된 한국 현대사는 그대로 제국주의, 민족주의, 사회주의, 자본주의, 민주주의 등 근대의 모든 이념이 서로 부딪히고 뒤엉킨 역사의 현장이었다.

지난 100년의 한국 현대사를 돌아볼 때 가장 놀라운 점은 가혹한 역사가 빚어낸 수많은 비극에도 불구하고 과거가 제대로 청산된 적이 단 한 번도 없었다는 사실이다. 대한민국처럼 과거 청산이 이루어지지 않은 나라가 또 있을까? 일제 고등계 형사가 해방 이후에도 독립투사를 심문하는 나라, 일본군 장교가 해방된 나라의 대통령이 되고, 그것도 모자라 그 딸까지 대통령으로 삼는 나라, 파시스트 친일파가 만든 노래를 '애국가'라고 부르는 나라—이것이 대한민국이다. 친일 과거 청산과 관련해서 보면 해방 공간에서 친일파가 민족주의자를 제압한 '반민특위' 무장해제가 역사의 향방을 가른 결정적인 분수령이었다.

문제는 친일의 과거만이 아니다. 양민 학살의 과거, 군사 독재의 과거, 사법살인의 과거, 고문 범죄의 과거, 어용 학문의 과거—무엇 하나 제대로 청산된 적이 없다. 지금도 여전히 수많은 노덕술, 송요찬, 박정희, 양승태, 이근안, 갈봉근 들이 이 사회를 지배하고 있는 것이 우리의 현실이다.

청산되지 않은 과거는 한국 사회의 구석구석에 감돌고 있는 미묘한 악취의 진원이다. 특히 친일의 역사, 독재의 역사는 현재진행형이다. 당장 신문을 펼쳐보라. '위안부' 피해자와 강제징용 배상 문제, 간첩 조작 사건, 5·18 망언 등은 모두 청산되지 않은 과거에서 발산되는 일상화된 악취다.

과거 청산은 사회개혁의 전제 조건이다. 과거 청산 없이는 사회 개혁도 없다. 독일의 경우를 보라. 독일의 68혁명은 '과거 청산 혁명'이었고, 이를 통해 독일은 '과거 청산의 나라'로 거듭날 수 있었다. 이것이 70년대 전면적인 사회개혁의 든든한 토대가 되었다. 우리의 경우 촛불 혁명의 열기가 이리도 쉬이 사그라진 이유는 독일과는 달리 정치혁명이 과거 청산 혁명으로 한 발짝 더 나아가지 못했기 때문이다.

과거 청산은 또한 국가 발전의 동력이기도 하다. 독일은 철저한 과거 청산을 통해 국제적으로 도덕적 권위를 회복했고, 국내적으로 사회적 정의를 구현했다. 이것이 국가 발전의 발판이 되었음은 물론이다. 그에 반해 한국은 과거 청산의 부재로 인해 국제적으로 도덕적 권위를 인정받기 어려웠고, 국내적으로는 냉소주의와 허무주의가 팽배한 나라가 되었다. 한국 사회를 휘감고 있는 거대한 무력감과 패배주의의 뿌리는 청산되지 않은 과거에 닿아 있다.

새로운 100년을 맞은 대한민국의 최우선 과제는 청산되지 않은 과거가 뿜어내는 '백 년 동안의 악취'를 걷어내는 일이다. 더 이상 과거 청산을 유예할 수 없다. 법원, 검찰, 경찰, 국정원, 국회, 학교 등 사회의 각 영역에서 과거에 대한 단죄까지는 아니더라도 최소한 냉철한 평가 작업은 이루어져야 한다.

과거를 둘러싼 투쟁은 미래를 향한 투쟁이다. 과거를 지배하는 자가 미래를 지배한다. 한국 민주개혁 세력의 거듭된 실패는 바로 '과거 투쟁', '역사 전쟁'을 방기한 데에 기인한다는 사실을 잊어서는 안 된다.

(2019. 2. 10)

우울한 아이의 나라에 미래는 없다

교육혁명, 더 이상 미룰 수 없다

최근 독일 교육을 주제로 시민 대상 강연을 몇 차례 한 적이 있다. 독일과 한국의 교육을 비교하는 대목에서, 특히 우리 학생들이 처한 끔찍한 현실과 부모들이 느끼는 분열된 감정을 애기할 때면 으레 중년 여성 몇 분이 슬그머니 뒷문으로 빠져나가곤 했다. 한번은 강연이 끝나자 한 분이 다가왔다. "중간에 자리를 떠 미안합니다. 자꾸 눈물이 나서."

얼마 전엔 고등학교 3학년 여학생이 '멘토 인터뷰'라는 걸 청해왔다. 독문과에 진학할 계획이라는 이 학생은 10개월간 베를린의 한 고등학교로 교환학생을 다녀온 경험을 털어놓았다. "독일 친구들이 늘 입에 달고 다니는 말이 있어요. 어딜 가든 '너는 어떻게 생각하니?'라고 묻는 거예요. 처음엔 무척 당황했어요. 그러다 놀라운 사실을 깨달았지요. 내가 아무 생각이 없다는 사실 말이에요."

부모의 하릴없는 눈물과 학생의 참담한 고백 앞에서 우리 교육의 파국적 현실을 다시금 절감했다. 부모들은 자식 교육 문제로 울음을 머금고 살고, 학생들은 주입식 교육에 길들여져 사유하는 능력마저 잃어버렸다. 교육의 파탄은 이미 인내의 한계를 넘어섰다.

사실 한국의 교육은 '교육'이라고 부르기도 민망하다. 그건 차라리 반교육에 가깝다. 본래 교육이란 '개인의 잠재력을 끌어내는 것'이 아닌가. '교육하다'를 뜻하는 영어의 'educate'나 독일어의 'erziehen'이나 본뜻은 '밖으로 끌어낸다'는 의미다. 세상의 온갖 지식을 '안으로 욱여넣는' 것이 아니라, 저마다 다른 개인의 재능을 이끌어내는 것이 교육이다. 죽은 지식을 우격다짐으로 머릿속에 채워 넣는 것은 교육이 아니라, 인간의 창조적 정신에 대한 폭력이다.

학교는 단순히 지식을 가르치는 곳이 아니라, 인간적 기품과 소양을 기르는 곳이다. 오로지 '학습'에만 목을 맬 뿐, 정작 교육의 본령인 인간적 품성을 키우는 데 한국처럼 소홀한 나라가 또 어디에 있을까.

독일 교육은 한국 교육과 대척점에 서 있다는 점에서 눈여겨볼 가치가 있다. 독일 학교에서는 학생들을 등수로 줄 세우지 않는다. 아예 석차라는 것 자체가 없다. 경쟁이 아니라 협력이 교육의 기본 정신이기에 부진한 학생의 첫 번째 도우미는 항상 동료

학생이다. 다양한 차이가 있을 뿐 획일적인 우열이 없으며, 다채로운 개성이 있을 뿐 일등도 꼴찌도 없다. 학생은 학교에서 행복감을 느끼고, 부모는 학교 교육에 만족한다.

독일에서 지식 교육 못지않게 비중을 두는 것은 성교육, 정치 교육, 생태 교육이다. 성교육은 강한 자아를 길러주는 인성 교육의 일환으로 초등학교 때부터 중시된다. 강한 자아를 가진 개인만이 불의한 권위에 쉬이 굴종하지 않는 민주시민이 될 수 있기 때문이다. 정치 교육은 타인과의 갈등을 조정하는 능력과 사회적 정의를 혜량하는 안목을 길러주고, 부당한 권력에 저항하는 능력을 키워준다. 생태 교육은 자연과 더불어 조화롭게 살아가는 지혜와 미래의 생명체에 대한 책임감을 길러준다.

다시 말해 성교육은 자신과의 관계를, 정치 교육은 타인과의 관계를, 생태 교육은 자연과의 관계를 올바르게 맺는 지혜와 안목을 길러주는 것이다.

한국 학교에는 지식 교육만 있을 뿐 성교육, 정치 교육, 생태 교육이 없다. 한 인간이 개인으로서, 시민으로서, 생명체로서 살아가는 데 기본이 되는 교육은 방기하고 있다.

지식의 습득만을 절대시하는 '학습기계'가 성숙한 인격체로 성장하는 것은 불가능하다. 오히려 최고의 학습기계는 최악의 괴물이 될 위험성이 높다. 우병우, 진경준, 홍만표, 나향욱─한국 교육이 키워낸 최우등 '괴물들'의 적나라한 비루함은 오늘 우리에게 교육혁명의 절박함을 증언하고 있다. (2016. 8. 7)

학벌계급사회를 넘어서

"내 아이를 이 지옥 속에 밀어 넣을 자신이 없어요."

출산율 저하를 화제로 다섯 명의 대학원 여학생들과 이야기를 나누던 차였다. 모두가 아이를 낳지 않겠다는 말에 깜짝 놀라 이유를 묻자 한 학생에게서 돌아온 답이었다. 다른 학생들도 하나같이 고개를 끄덕였다. 20대 중반의 여성들이 우리 사회와 교육에 대해 이 정도까지 비관적인 생각을 가지고 있는 줄은 몰랐다. 어린 시절부터 숨 막히는 경쟁에 내몰리는 교육 환경과 아이들이 겪는 고통과 상처, 좌절과 분노로 대화는 끝없이 이어졌다. "이 사회에서 아이가 정상적인 인간으로 자라는 것이 가능할까요?"라는 물음에 나는 할 말을 잃었다.

서울의 한 로스쿨이 출신 대학을 다섯 등급으로 나눠 점수를 차등 부여하는 '출신 대학 등급제'를 운영한 사실이 드러나 논란이 되고 있다. 아무리 시험을 잘 보고 자격증을 잘 갖춰도 출신 대학의 등급이 낮으면 합격이 불가능한 구조란다. 가히 한국판 카스트제도라 하지 않을 수 없다. 출신 대학이 하나의 '신분'이 되어버린 사회에서 학교가 생존 경쟁의 전쟁터, 신분 상승의 투기장으로 변해버린 것은 놀랄 일이 아니다. 친구를 영원히 짓밟고 올라서야 할 대상으로 보는 아이들, 극단적인 경쟁에 지쳐 우울한 아이들—이런 아이들이 '정상적인 인간'으로 성장하기를 기대하는 것이야말로 비정상이 아닌가.

학벌이 숙명이 되어버린 사회에서 우리는 살고 있다. 한 인간이 이룬 어떠한 성취도, 한 개인이 기울인 어떠한 노력도 학벌의 벽을 넘어서기 어려운 학벌계급사회가 우리네 현실이다.

몇 해 전 부르메스터(Burmester)라는 세계적인 음향기기 회사를 방문한 적이 있다. 이 회사는 독일의 대표적인 히든 챔피언(강소기업)이다. 자유분방한 예술가풍의 사장이 직접 나와 회사를 소개했다. 디터 부르메스터였다. 그는 고등학교 시절 음악에 심취해 졸업하자마자 밴드를 결성하여 기타리스트로 활동하다가, "자신이 만든 곡을 생생하게 보존하고 싶어" 28세에 베를린 공대에 들어가 오디오 분야 공부를 시작했고, 30대에 오늘의 회사를 세웠다고 했다. 원하는 때에 원하는 대학에서 원하는 공부를 할 수 있는 기회가 주어지는 사회이기에 가능한 일이다.

우리 사회가 대학입시 한 번으로 개인의 인생이 결정되는 '원샷 사회'라면, 독일은 개인의 꿈을 실현할 기회가 폭넓게 열려 있는 '텐샷 사회'다.(빈프리트 베버) 개인에게 기회가 널리 열려 있으니, 부르메스터처럼 제2, 제3의 인생에 도전하는 독일인은 적지 않다. 이것은 독일이 경제 기적을 이룬 한 요인이기도 하다. 좋아하는 것을 할 수 있으니, 잘하는 것이다.

이제 우리도 '차별 사회'에서 '기회 사회'로, '원샷 사회'에서 '텐샷 사회'로 전환할 때가 되었다. 좋은 사회란 모든 사람에게 기회가 공평하게 열려 있는 사회다. 특히 대학은 기회를 열어주는 문이 되어야지, 기회를 가로막는 벽이 되어서는 안 된다. 한 번의 시험 결과로 모든 가능성을 박탈하는 원샷 사회는 인간의 다양한 재능을 짓밟는 야만 사회요, 개인의 무한한 잠재력을 죽이는 불임 사회다.

학벌계급사회를 넘어서는 근본 처방은 엘리트 대학 체제를 혁파하여 대학의 좁은 문을 활짝 열어젖히는 것이다. 유럽 국가들처럼 고등학교를 정상적으로 졸업한 사람은 누구나 원하는 시기에, 원하는 대학에서, 원하는 공부를 할 수 있는 기회가 주어져야 한다. 대학은 특권의 고지가 아니라, 기회의 평지여야 한다.

누구나 자유로이 자신을 실현할 기회를 누릴 수 있는 사회에서는 아이들이 무한 경쟁으로 고통받지 않을 것이고, 생명을 잉태하는 자연의 축복이 지옥의 공포로 변하지 않을 것이다.

(2016. 6. 12)

행복한 10대들의 나라

세월호 사고로 희생된 학생들을 보면서 문득 10대 시절 행복했던 기억이 별로 없었다고 토로하던 대학원생들과의 대화가 떠올랐다. 왜 이 대화가 맨 먼저 떠올랐을까. '행복했던 기억이 없는 지옥' 속에서 살다가, 이제 차갑고 어두운 바닷속에서 죽어간 아이들이 너무도 안쓰러웠기 때문일 것이다. 이런 세상을 만들어놓은 우리 어른들의 죄는 도대체 어떻게 혜량할 것인가.

세월호 참사로 숨겨간 아이들을 진심으로 애도한다면 우리가 반드시 해야 할 일이 하나 있다. 그 아이들이 소망했으나 한 번도 살아보지 못한 삶을 이제부터라도 우리 청소년들이 살도록 해주는 것이다. '행복한 10대'를 돌려주는 것이다.

그러려면 우선 '교육'부터 바꿔야 한다. 우리 10대들을 가장 불행하게 하는 것이 바로 우리나라의 잘못된 교육이기 때문이다. 사회적 요구를 일방적으로 쑤셔 넣는 우리네 교육은 기실 '반교육'에 가깝다. 게다가 그 교육의 결과가 사회적 차별의 근거가 된다는 점에서 반사회적이기까지 하다.

이렇게 반교육적이고 반사회적인 교육 풍토 속에서 우리 학생들은 세계에서 가장 불행하고 우울한 학창 시절을 보내고 있다. 획일화된 학습과 평가 시스템 속에서 개성과 창의성을 잃어가고 있고, 우정과 사랑의 감성은 사라지고 경쟁과 대결의 논리만이 지배하는 살벌한 정글 같은 교실에서 절망과 불안을 내면화하고 있다. 학생들은 오로지 공부만 하는 '학습기계'로 전락하였고, 정규 수업 이외에도 학원, 과외, 야자로 이어지는 엄청난 학습 노동은 그 시간과 강도에서 인권 유린의 수준을 넘어선 지 오래다.

이제 우리 아이들을 모든 어른들이 공모하여 처박아 넣은 이 끔찍한 노예 상태에서 해방시켜야 한다. 이제 어른들은 노예 감독관 노릇을 그만두어야 한다. 이제 우리 아이들을 행복한 자유인으로 키워야 한다. 우리 아이들도 행복할 권리가 있다. 그들도 다른 나라 아이들처럼 자유롭게 연애도 하고, 맘껏 독서도 하고, 연극이나 영화도 보고, 박물관이나 미술관에도 가고, 방학 때는 여기저기 여행도 다니면서, 그렇게 자신의 고유한 삶을 향유해야 한다. 그렇게 인간적인 품성을 키우고, 시민적인 자질을 높여야 한다. 자신의 개성과 '천재'를 발견할 여유를 가져야 한다. 미래가 아무리 장밋빛이라 해도, 삶은 한순간도 '유예'될 수 없다.

우리 아이들을 행복한 자유인으로 키우는 것은 결코 불가능한 꿈이 아니다. 우리가 사는 이 유라시아 대륙의 반대편에서는 그것이 상식이요 일상이다. 의지만 있으면 우리도 할 수 있다.

저 침몰하는 배 안에서 '가만히 있으라'고 말하던 어른들이 우리 아이들을 죽음으로 내몰았듯이, 이런 부조리한 교육, 불합리한 세상을 묵인하는 우리들은 어쩌면 이 땅 위에서 매일매일 조금씩 우리 아이들을 죽여가고 있는지도 모른다.

'세월호의 아이들'이 갈망했을 그런 세상을 이제 우리 어른들이 열어주어야 한다. 이 시대착오적인 노예 상태에서 아이들을 해방시켜 그들의 얼굴에 다시 행복한 미소가 피어나도록 해야 한다. "더러운 대한민국. 이렇게 부끄러운 적이 없었다", "언니, 오빠 두 번 다시 이런 나라에 태어나지 마세요"라는 저 아이들의 분노와 저주의 외침을 또다시 들어선 안 된다.

(2014. 4. 27)

10대에게 정치를 허하라

한국 대학가에 '안녕들 하십니까' 대자보가 한창 물결치던
2013년 12월 12일, 독일 함부르크 중앙역 광장은 3,500여 명의
학생들로 넘쳐났다. 난민 추방에 반대하는 함부르크 초·중·고등
학교 학생들이었다. "불법적인 인간은 없다!", "모두에게 체류권
을!", "국경 반대, 국가 반대, 추방 반대!"라고 쓰인 푯말과 현수막
이 끝없이 이어졌다.

열두 살 펠틴은 작문 수업을 서둘러 마치고 친구들과 함께 달
려왔다. 이레네 할머니도 초등학생 손녀의 손을 잡고 왔다. "우리
손녀가 공적인 삶에 능동적으로 참여하는 시민이 되기를 바라
기" 때문이다. 교사들은 이곳에서 '사회 과목 현장수업'을 진행했

고, 독일 교원노조는 "학생 파업은 정치 교육 실습"이라며 학생들을 응원했다. 함부르크 교육청도 "학생들이 사회적으로 타당한 주제에 비판적으로 개입하는 것을 원칙적으로 환영한다"고 밝혔다. '안녕 대자보'를 차단하라는 취지의 공문을 내려보냈던 우리 교육부와는 달라도 너무 다르다.

10대 학생들의 시위는 독일에서는 특별한 일이 아니다. 특히 초등학생들의 정치의식은 놀라운 수준이다. "아마존을 살려내라!" "아웅산 수치를 석방하라!" "걸프전을 중단하라!" 어린 시위자들의 구호는 생태·인권·정치 이슈를 넘나든다. 이들의 잦은 '가투' 때문에 교통정체가 빈번해지자, '택시 운전사들의 공적은 초딩들'이라는 우스갯소리까지 생겼다.

프랑스도 마찬가지다. 서열화된 대학 체제의 상징이던 소르본 대학을 해체시켜 학생들을 입시 지옥에서 해방시킨 것은 바로 고등학생들 자신이었다. 프랑스의 대학이 오늘날 민주적이고 평준화된 모습을 갖추게 된 것은 1968년에 벌어진 대대적인 학생운동 덕분이다.

10대들의 적극적인 정치 참여를 전형적으로 보여주는 인물은 안나 뤼어만이다. 10세 때 생태계 파괴의 실상을 보고 정치에 관심을 갖기 시작한 안나는 12세에 그린피스 회원이 되었고, 14세에 녹색당에 입당했다. 17세엔 헤센주 녹색당 청년 대변인이 되었고, 18세에 마침내 연방의회에 진출했다. 독일 최초의 고등학생 국회의원이 탄생한 것이다.

필자는 2005년 안나 뤼어만을 초청하여 '청년 정치의 가능성'이라는 주제로 세미나를 개최한 적이 있다. "불평만 하지 말고 참여하자. 우리 스스로 세상을 바꾸자"는 안나의 정치 슬로건이 인상적이었다. '세대 대표성'이라는 개념도 신선했다. 연금 문제처럼 미래 세대의 부담이 결정되는 자리에 정작 그 당사자가 없는 상황은 부조리하다고 했다.

우리에게 안나는 불가능한가? '한국의 안나'가 탄생하려면 적어도 세 가지 조건이 충족돼야 한다. 첫째, 선거/피선거권이 18세로 낮춰져야 한다. 선거/피선거권이 16세로 낮춰지는 세계적 추세에 비춰보면 선거권 19세, 피선거권 25세라는 우리의 현행 제도는 시대착오적이다. 둘째, 초등학교에서부터 정치 교육이 강화돼야 한다. 학교는 단순히 지식을 전달하는 곳이 아니라, 민주시민을 길러내는 곳이어야 한다. 셋째, 정치 문화가 바뀌어야 한다. 정치 혐오를 더 세련된 정치적 취향인 양 조장하는 사회는 수상하다.

우리 근대사를 돌아보면 10대는 기실 언제나 정치 변화의 기폭제였다. 3·1운동 이후 일제에 대한 최대 규모의 저항운동인 광주학생운동을 주도한 것은 광주제일고 학생들이었고, 4·19혁명의 도화선이 된 것도 마산상고 1학년생 김주열의 죽음이었다. 5·18 광주에서도 고등학생들은 중요한 역할을 했다. 그러나 오늘 이 나라의 정치 세계에 10대는 없다. '입 닥치고 공부나 하라'는 것인가. 젊은이들을 정치적 몽매 상태에 묶어두려는 자들은 누구이며, 이들이 두려워하는 것은 무엇인가. (2014. 1. 12)

열여섯 살이 투표권을 갖는다면

세계의 이목을 집중시킨 스코틀랜드 분리독립 주민투표가 부결되었다. 307년 만에 영연방에서 독립하려던 스코틀랜드 자치정부의 역사적 도전은 결국 실패로 끝났다.

스코틀랜드 주민투표가 많은 화제를 낳았지만, 투표 결과 못지않게 눈길을 끈 것은 '청년 정치'가 강화되는 흐름이다. 독립국가 수립이라는 공동체의 명운이 걸린 중요한 투표에 처음으로 16세 청소년에게 투표권이 부여된 것이다. 스코틀랜드는 우리의 고등학교 1학년에 해당하는 청소년을 민주사회의 주권자로 인정한 것이다.

유럽에서 청소년의 정치적 시민권은 꾸준히 확대돼 왔다. 유럽의 주요 국가들에선 대부분 선거권과 피선거권이 18세에 부여되며, 선거권을 점차 16세로 낮추는 추세다. 독일에선 이미 지방의회 선거에서 선거권이 16세로 낮아졌다. 매체 환경의 변화에 따라 청소년의 정치의식이 높아졌다는 점, 젊은이들의 아이디어를 정책에 적극 수용하는 것이 공익에 부합한다는 점, 청소년들을 이른 시기에 정치에 참여시킴으로써 민주시민 의식을 높일 수 있다는 점 등이 청년 정치 확대의 이유로 꼽힌다.

우리나라는 이러한 세계적 추세에 역행하고 있다. 선거권 19세, 피선거권 25세의 현행 제도는 선거권, 피선거권 모두 18세라는 '세계적 표준'에 한참 뒤처져 있고, 선거 연령을 낮춰야 한다는 인식 자체도 극히 미미하다. 심지어 우리 사회의 지배층은 젊은이들의 정치 참여를 장려하거나 정치의식을 고취하기보다는, 이를 차단하고 겁박하는 데 골몰하고 있다. '안녕 대자보'가 학교에 퍼져나갈 때, 세월호 사태에 대한 논의가 학생들 사이에 번져갈 때 교육부가 보인 시대착오적인 행태를 상기해 보라. 유럽에서라면 이런 것들은 정치 교육의 생생한 자료, 정치 토론의 살아 있는 소재로 학교 수업에 적극 활용됐을 것이다.

학교에서는 정치 교육을 해서는 안 된다는 전근대적이고 비민주적인 인식이 국민의 우민화를 꾀하는 기득권층의 정치적 이해와 맞물려, 반정치의 정서, 정치 혐오의 문화를 조장하고 있다. 그러니 젊은 세대의 정치적 무력감과 무관심은 깊어만 가고, 젊은층으로 갈수록 투표율이 떨어지는 기현상이 고착되고 있다. 민주공화국의 체질이 점점 더 허약해지고 있다.

스코틀랜드에서는 고등학생이 국가의 운명을 결정하는 투표에 참여한다. 독일에서는 고1이면 도지사, 시장, 교육감을 자기 손으로 뽑고, 고3이면 스스로 국회의원이 될 수 있다. 실제로 독일 최초의 고등학생 국회의원 안나 뤼어만이 필자의 초청으로 한국을 방문한 적도 있다. 당시 안나는 10대가 의회에서 대표되어야 할 이유를 격정적으로 토로하며 "불평만 하지 말고 행동하라"는 조언을 또래의 한국 친구들에게 건넸다.

스코틀랜드처럼 우리나라에서도 16세 청소년이 투표권을 갖는다고 상상해 보라. 16~18세에 해당하는 약 200만 명(2013년 기준)의 젊은이가 새로운 유권자가 되어 대통령과 국회의원, 도지사, 교육감을 뽑을 것이다. 고등학생 유권자들이 대한민국의 정치적 미래를 결정할 것이기에 정당들은 경쟁적으로 이들을 위한 정책을 쏟아낼 것이다. 대학의 서열화는 자취를 감출 것이고, 살인적인 대학입시도 사라질 것이며, 학교 교육은 비로소 정상화될 것이다. 그리하여 학생들이 '학습 노예' 상태에서 마침내 해방될 것이다.

꿈같은 얘기지만, 꿈이 아니다. '18세 선거권, 피선거권'만 실현돼도 유사한 상황이 펼쳐질 것이다. 그리고 18세 선거권, 피선거권은 다른 나라에선 꿈이나 이상이 아니라 현실이요 일상이다. 세계적 표준이다.

(2014. 9. 21)

100만 난민을 받는 나라의 교육

독일에서 가장 부러운 것을 하나만 택하라면, 나는 주저 없이 '시위하는 초등학생'을 꼽겠다. 잘 달리는 메르세데스 벤츠나, 볼 잘 차는 축구대표팀도 부럽긴 하다. 하지만 내 가슴을 울렁거리게 하진 못한다.

유학 시절, "아마존을 살려내라", "아웅산 수치를 석방하라"고 외쳐대는 초딩들을 텔레비전에서 보고 놀란 적이 있다. 재작년 베를린에서 그런 초딩 데모대와 마주쳤다. 훔볼트대학과 브란덴부르크 문 사이 운터덴린덴 거리에서 차선 두 개를 차지하고 이삼백 명쯤 되는 초딩들이 대열을 이루어 행진하고 있었다. 모두 10세 전후의 어린 학생들이었다. "불법적인 인간은 없다"고 적힌 현수막이 나부

겼다. 한창 아프리카 난민의 불법체류 문제로 떠들썩하던 시절이었다. 낮은 구름이 잔뜩 낀 10월의 오후, 자못 심각한 표정의 어린 이들이 세상을 향해 '정치적' 의사를 당당하게 밝히고 있었다.

2015년 시리아 난민 사태가 유럽 대륙을 뒤흔들던 무렵, 앙겔라 메르켈 독일 총리는 100만 난민을 수용하겠다고 밝혀 세상을 놀라게 했다. 프랑스, 영국에서 수만 명 난민의 수용 문제로 여론이 들끓던 시점에 독일에서 100만 난민을 받겠다고 나선 것이다. 실제로 독일은 이해에만 117만 명의 난민을 받아들였다.

어떻게 이런 일이 가능할까? 어느 나라 국민이 100만 난민을 받겠다는 정부를 용인할 수 있을까? 물론 독일에서도 메르켈의 결정에 우려와 비판의 목소리가 높았다. 페기다(PEGIDA) 등 극우집단의 선동이 격화되었고, 기사당 등 보수정당의 비판도 들끓었다. 그러나 이 놀라운 결정이 몰고 오리라던 정치적 후폭풍은 의외로 잔잔했다. 국민들은 불확실한 미래에 대한 우려 속에서도 메르켈의 결정을 받아들인 것이다. 사실 메르켈의 결단보다 더 놀라운 것은 이를 받아들인 독일 국민의 정치의식이다.

이 '독일의 기적'은 어린 시절부터 체계적으로 이루어진 정치교육과 이를 통해 형성된 높은 정치의식이 없었다면 상상도 할 수 없는 일이다. 베를린의 어린 시위대는 '100만 난민의 기적'을 낳은 사회적 분위기를 상징한다.

실로 독일의 교육은 나치 시대에 인류사적 죄악을 저지른 독일인을 성숙한 세계시민으로 변화시키는 데 성공한 것처럼 보인다.

이 성공의 바탕엔 정치 교육이 있다.

독일의 경우 16세(고1)부터 지방의회 선거와 교육감 선거, 18세부터 연방의회 선거에서 투표권을 갖는다. 선거철이면 학교 강당에서 정치 유세가 열리며, 최소 2시간의 선거 유세 참가를 의무로 규정해 놓은 학교도 많다. 학생들의 정치 활동도 폭넓게 보장된다. 노르트라인베스트팔렌주의 학교법에 따르면, "학생은 정당이나 노동조합에서 개최하는 세미나 등에 참여하기 위해 최대 일주일간의 결석을 신청할 권리"가 있으며, "누구나 14세부터는 정당에 소속된 청년회에 가입할 수 있고, 16세부터는 정식으로 정당의 당원으로 활동할 수 있다."

이처럼 독일은 학생들을 민주시민, 세계시민으로 길러내는 것을 교육의 중요한 목표로 삼고, 학생들의 정치 활동을 보장하고 장려한다. 바로 이런 정치 교육 덕분에 독일은 가장 높은 정치의식을 가진 시민을 길러낼 수 있었고, 이런 성숙한 민주주의를 바탕으로 정치적 안정을 이룰 수 있었으며, 이를 토대로 세계 최고의 경제 강국으로 성장할 수 있었다.

곧 총선이다. 올바른 정치 교육이 부재한 사회, 정치 혐오를 더 세련된 정치적 취향인 양 부추기는 사회에서 성장한 우리는 절반쯤은 투표장에 가지 않을 것이고, 또 투표자의 절반쯤은 이 사회를 지옥으로 만든 장본인들에게 표를 던질 것이다. 이제 우리도 체계적인 정치 교육을 통해 이 악순환의 고리를 끊어야 한다.

(2016. 1. 17)

18세 투표권, 누가 두려워하는가

순항할 것으로 보이던 '18세 투표권' 입법이 암초에 걸려 좌초될 위기에 처해 있다. 문제는 바른정당의 기회주의적 처신이다. 선거 연령 18세 하향 조정을 '개혁 입법 1호'로 내세우더니 '만 18세는 선거에 참여하기에 미숙한 존재'라는 이유를 들어 돌연 반대 입장으로 돌아섰다. 특히 권성동 의원은 고등학교 3학년에 해당하는 18세는 "독자적 판단 능력이 부족"하다며, "고3을 무슨 선거판에 끌어들이느냐. 공부 열심히 해야지"라고 말했다고 한다. '합리적 보수'를 자처하는 유승민 의원마저 같은 이유로 반대 입장을 표명했다는 보도다.

이들은 한목소리로 '고등학생에게는 선거권을 줄 수 없다'는 논리를 펼치는 것이다. 이러한 주장은 시대착오적이다. 그것은 선거 연령을 지속적으로 낮추는 세계적인 추세에 역행하는 것이다. 오스트리아는 이미 2008년에 16세로 선거 연령을 낮추었고, 2015년 스코틀랜드는 '독립 결정 국민투표'에서 16세에게 투표권을 부여했다. 독일도 지방선거와 교육감 선거에서 16세가 투표권을 가지며, 청소년 투표권을 넘어 '아동 투표권'까지 주장하는 의원들이 늘고 있다.

이런 세계적 흐름에도 불구하고 18세 선거권에 반대하는 자들은 민주주의를 두려워하는 자들이다. 그들은 '정치적으로 미성숙한' 학생들이 투표권을 갖게 되면 학교가 정치판이 된다고 하지만, 이러한 주장은 학생들의 정치적 판단 능력을 과소평가하고, 민주시민 양성 기관으로서의 학교의 기능을 부정하는 것이다. 우리 고3 학생들의 정치의식이 노년층보다 낮다고 누가 단언할 수 있는가. 만약 노년층의 정치적 성숙도가 학생보다 낮다면, 같은 이유로 선거권을 박탈하는 것이 정당한가.

학생들을 민주시민으로 길러내기 위해서도 18세 투표권은 꼭 필요하다. 한 나라의 민주주의가 발전하려면, 학교에서부터 민주주의가 학습되고, 실천되어야 한다. 교실이 '민주주의의 학습장' 구실을 해야 한다. 학교에서 민주주의와 자유를 배우지 못하고, 노예의 굴종에 길들여진 학생들이 어떻게 사회에서 성숙한 민주주의자가 되겠는가. 우리 학생들은 언제까지 '정치적 금치산자', '정치적 미숙아' 취급을 받아야 하는가. 학생이기 때문에 선거권을 주어서는 안 된다는 주장은 학생들이 소신 있는 민주주의자가 되는 것을 두려워하고, 우리 사회가 성숙한 민주사회가 되는 것을 원치 않는 반민주적 정파의 논리다.

우리에겐 18세 청소년에게 선거권을 줘야 할 특별한 이유가 하나 더 있다. 그들이 지금 노예 상태에 있기 때문이다. 최근 조사에 따르면 학생의 절반이 학교를 '감옥'으로 느낀다고 한다. 이 감옥에서 학생들을 해방시키기 위해서도 그들의 정치적 권리를 강화하고 확대해야 한다. 이런 맥락에서 전국 고등학교 400곳의 학생회장단이 모여 "선거권 요구는 청소년 전체의 목소리"라고 선언한 것은 크게 환영할 일이다.

우리는 지금까지 학교라는 '감옥'에 학생들을 가두고, 이들을 '학습 노예'로 훈육해 왔다. 그 결과 '모범수'일수록 정치적으로 미성숙하고 비민주적인 행태를 일삼는 기현상이 생겨난 것이다.

위대한 민주혁명의 역사를 가진 대한민국이 경제협력개발기구(OECD) 34개 나라 중 유일하게 19세 투표권을 가졌다는 것은 국가적 수치다. 18세 투표권은 '체제 교체'의 전환점에서 한국 민주주의의 질적 도약을 위해 반드시 실현해야 할 시대적 과제다.

(2017. 1. 22)

직위해제당한 한국 성교육

예상대로였다. 광주에서 만난 배이상헌 선생은 겸손하고 우직하면서도, 유쾌하고 다감했다. 아이들을 사랑하는 교사에게서 풍기는 특유의 따스함과 청신함이 확 끼쳐왔다.

도덕 교사 배이상헌, 그가 교단에서 쫓겨난 지도 벌써 5개월이 지났다. 전 세계에서 1,300만 명 이상이 보았다는 프랑스 단편영화 〈억압받는 다수〉를 성윤리 수업 시간에 아이들과 같이 보며 토론했다는 게 직위해제의 주된 사유다. 성평등을 주제로 한 '세계적인 수작'을 수업 교재로 삼으면, 한국의 교사는 '성비위범'으로 몰린다. 이렇게 한국의 성교육은 '직위해제'를 당한 것이다.

한국 사회에서 성교육의 중요성은 더 이상 강조할 필요가 없다. 하루가 멀다 하고 벌어지는 수많은 성폭력, 성희롱, 성추행, 성접대 사건을 보라. 한국은 세계적으로도 유례를 찾기 힘든 '이중 모럴 사회'다. 공적으로는 너무도 엄숙한 성윤리가 지배하지만, 현실에서는 일상적으로 성이 거래되고 착취되는 사회다. 이런 현실은 무엇보다도 부실한 성교육에 원인이 있다. 한번도 제대로 된 성교육을 받아보지 못한 이들이 사는 사회가 오죽하겠는가.

왜곡된 성문화는 어떠한 성(해방) 담론도 공론장에서 논의된 적이 없는 '문화지체'의 현실을 반영하는 것이기도 하다. 한국은 '성혁명'이라 불린 68혁명의 영향이 거의 미치지 않은 '예외 국가'인 까닭에 한국인의 성 의식은 보편적인 세계적 흐름에 거의 반세기 정도 뒤처져 있다.

그러나 한국에서 성교육이 필요한 이유는 이중적 성도덕과 지체된 성 해방 때문만이 아니다. 그것은 성교육이 가장 중요한 정치 교육이기 때문이다.

독일의 철학자 테오도어 아도르노는 "민주주의의 최대 적은 약한 자아"라고 했다. 약한 자아를 가진 구성원들로 이루어진 공동체는 민주주의를 할 수 없다는 말이다. 이 말은 '광장 민주주의'는 이루었지만 '일상 민주주의'는 이루지 못한 한국 사회의 '이상한 현실'을 설명해 준다. 우리의 자아가 너무도 약하기 때문에 직장에서, 학교에서, 가정에서 민주주의가 작동하지 않는 것이다.

독일 교육의 목표는 성숙한 민주주의자, 즉 '강한 자아'를 가진 개인을 길러내는 것이다. 독일에서 초등학교 3학년부터 성교육을 체계적으로 실시하는 이유도 바로 여기에 있다. 성교육이 곧 자아 교육, '강한 자아'를 기르는 교육의 핵심이기 때문이다.

알다시피 프로이트는 '자아', 에고란 슈퍼에고와 리비도 사이에서 동요하는 존재라 했다. 사춘기 때 자아가 형성되는 이유는 본능적 충동인 리비도가 발현되는 이때에 비로소 자아도 형성되기 때문이다. 사회적 규범이나 도덕을 의미하는 슈퍼에고가 리비도를 악이라고 공격하면 할수록, 에고는 더욱 깊은 죄의식을 내면화하게 되고, 이렇게 강한 죄의식을 가진, 즉 약한 자아를 가진, 개인일수록 권력 앞에서 더 굴종적인 인간이 된다는 것이 이른바 '권위주의 성격 이론'의 골간이다.

이 이론에 따르면 강한 자아를 기르는 방법은 분명하다. 올바른 성교육을 통해 리비도의 존재를 악마화하지 않고 당연한 생물학적 현상으로 인정함으로써 '죄의식'을 내면화하지 않는 인간으로 길러내는 것이다. 독일 성교육의 제1 원칙이 '성을 도덕적으로 비판해서는 안 된다'고 규정하는 이유도 여기에 있다. 이런 식으로 강한 자아를 가진 아이들을 길러내는 것이 공동체의 민주적 성숙을 결정하는 요인이기에 성교육을 가장 중요한 정치 교육이라고 여기는 것이다. 올바른 성교육은 강한 자아를 만드는 출발점이고, 강한 자아는 성숙한 민주주의의 조건이다.

도덕 교사 배이상헌 사건은 한국 사회의 전근대성과 야만성을 단적으로 보여주는 사건이다. 이제라도 성과 성교육과 민주주의의 관계에 대한 사회적, 교육적 논의가 시작돼야 한다. 우리 아이들이 성차별을 받지 않고, 성폭력에 희생당하지 않고, 성적 억압을 통해 죄의식을 내면화하지 않고, 그럼으로써 강한 자의식과 자아를 가진 성숙한 민주시민으로 성장하도록 하는 것은 '괴물이 된' 우리 성인들의 마지막 책무다. 아이들을 우리처럼 피폐한 내면과 어두운 죄의식과 약한 자아를 가진 권위주의적 인간으로 성장하게 해서는 안 된다.

그러기 위해선 올바른 성교육이 체계적으로 시행돼야 한다. 그것은 배이상헌 교사가 명예롭게 다시 교단으로 돌아오는 것에서 출발해야 한다. '진보 교육감'이라는 장휘국 광주시 교육감의 결단을 촉구한다.

(2019. 12. 15)

경쟁, 야만의 다른 이름

　문재인 정부에 '교육혁명'을 기대한 사람들의 분노가 커지고 있다. 교육부 장관이 교체된다지만 교육에 대한 어떠한 위기의식도, 개혁 의지도 보이지 않는다. 교육 문제를 오로지 입시 문제로 접근하는 천박한 인식에 절망감을 느낀다. 잘못된 교육정책이 한국 사회를 얼마나 병들게 하고, 한국인의 삶을 얼마나 피폐하게 했으며, 한국인의 심성을 얼마나 왜곡하고, 이 땅의 학생들을 얼마나 고통스럽게 했는지 이 정부만 모른단 말인가.

　지금은 교육을 뿌리부터 혁신해야 할 때이다. 무엇보다도 먼저 해야 할 일은 한국 교육의 영혼이자 원리인 경쟁 이데올로기를 폐기하는 것이다.

경쟁 이데올로기는 교육 영역뿐만 아니라 한국 사회 전체를 지배해 온 이념이다. 한국 사회는 경쟁을 당연시하고, 심지어 긍정적으로 여기는 이상한 사회이다. 절차의 공정성만 담보된다면 모든 경쟁은 선이라는 인식이 한국인의 뇌리에 뿌리내려 있다. 경쟁 자체가 '악'일 수도 있다는 생각, 중세 시대에는 경쟁이 죄악이었고 때로는 사형에 처해지는 중범죄였다는 인식은 어디서도 찾아보기 어렵다. 실로 경쟁지상주의 사회인 것이다.

이것이 한국 사회가 헬조선으로 전락한 중요한 이유이다. 이탈리아 철학자 프랑코 베라르디는 한국 사회의 특징을 네 가지로 짚는다. 끝없는 경쟁, 극단적 개인주의, 일상의 사막화, 생활리듬의 초가속화가 그것이다.(『죽음의 스펙터클』) 여기서 주목할 것은 경쟁이 다른 부정적 특성들의 원인이라는 사실이다. 사활적 경쟁으로 인해 개인주의가 극심해졌고, 일상은 사막이 되었으며, 생활리듬은 살인적인 속도를 띠게 되었다는 것이다.

오늘날 독일 교육의 초석을 놓은 1970년대 교육개혁에 결정적인 영향을 끼친 테오도어 아도르노는 경쟁에서 야만의 징후를 본다. "경쟁은 근본적으로 인간적인 교육에 반하는 원리"로서 "인간적인 형태로 이루어지는 교육은 결코 경쟁 본능을 강화하는 방향으로 나아가지 않는다"고 단언한다. 그는 경쟁을 통한 발전이란 "우리 교육체제가 물들어 있는 신화들 중 하나"라고 지적하면서, 경쟁을 "의심의 여지없는 야만"이라고 힐난한다.

경쟁에 반대하는 아도르노의 교육 이념이 실현됨에 따라 독일

학교에서 경쟁은 야만 행위로서 경계의 대상이 되었고, 우열을 가리는 석차는 사라졌다. 학생은 서로 다른 취향과 재능을 지닌 개성적 존재이지, 우열을 나누어 일렬로 세울 수 있는 대상이 아니라는 것이다.

독일에 살면서 가장 부러웠던 것은 독일인들의 높은 자존감이었다. 어떤 일에 종사하든 모두가 당당한 것이 신기했다. 많은 독일인을 만났지만 열등감을 가진 이를 본 적이 없다.

반면에 한국에선 열등감이 없는 사람을 보기 어렵다. 세상 사람들이 부러워하는 판검사, 의사, 교수도 예외가 아니다. 끝없는 경쟁의 수직적 위계 속에서 언제나 누군가가 '내 위에' 있다고 느끼는 것이다. 한국 사회를 특징짓는 '오만과 모멸의 구조'(김우창)는 바로 여기서 생겨난 것이다.

교육혁명은 경쟁 교육의 폐기에서 출발해야 한다. 아이들이 자신의 소양과 재능을 발견하고 실현하도록 도와주는 것이 교육이다. 모든 인간을 획일화된 기준에 맞춰 줄 세우고, 수직적 위계질서에 배치하는 것이 교육일 수 없다. 열등감으로 조직된 사회는 행복할 수도, 정의로울 수도 없다.

어느 선진국에도 우리처럼 가혹한 경쟁이 어린 학생들의 영혼에 깊은 상처를 남기는 곳은 없다. 경쟁 교육이라는 야만의 시대를 이제는 끝내야 한다. 경쟁 교육에서 연대 교육으로 패러다임을 전환할 때이다.

(2018. 9. 9)

이강인의 '안 뛴 형들'

얼마 전에 끝난 '20세 이하 월드컵'은 놀랍게도 우리에게 메시와 비견되는 선수를 선사했다. 이강인은 분명 차원이 다른 선수였다. 손흥민처럼 빠른 발이나 강한 슛을 가진 것은 아니지만, 게임을 읽고 짜고, 판도를 바꾸는 그의 능력은 가히 천재적이었다. 손흥민의 '킬 슛'이 멋지다면, 이강인의 '킬 패스'는 아름답다.

그러나 이강인의 진짜 매력은 빼어난 축구 실력이 아니라, 우리 주변에서 흔히 보기 어려운 그의 태도와 품성에 있다. 그는 모두가 16강을 목표로 삼을 때 우승이 목표라고 담대하게 말했고, 다들 '잘 뛴 선수'에게 주목할 때 '안 뛴 형들'에게 눈길을 보냈다. 이강인은 당당하고 사려 깊었다.

모든 인터뷰에서 '안 뛴 형들'을 언급하는 이강인의 태도에서 유럽에서 유소년기를 보낸 아이의 전형적인 모습이 읽힌다. 자신에게 온갖 스포트라이트가 집중되는 순간에도 그의 마음속에선 경기에 뛰지 못한, 주목받지 못한, 그리하여 쓰라림을 맛보았을 '형들'에 대한 염려가 먼저였다. 나는 이런 사회적 감수성을 길러준 것이 스페인 교육, 유럽 교육이었으리라 생각한다. 유소년기에 스페인에서 교육을 받으며 자연스레 이런 품성을 익혔기에 그는 항상 공동체의 '가장 약한 고리'를 먼저 염려하는 성숙함을 지니게 되었으리라.

이강인의 사회적 감수성과 공감 능력은 오늘날 많은 한국인들이 결여하고 있는 품성이다. 끝없는 경쟁 속에서 개인주의가 극단화된 우리 사회는 '안 뛴 자들'에 대한 배려가 너무 부족한 공동체다. 이 사회는 운동장에 나서지 못한 자, 무대 위에 오르지 못한 자, 정규적인 일자리가 없는 자, 주류 문화에서 배제된 자의 고통에 둔감하다. 주류들의 그라운드에서 뛸 기회를 잡지 못한 실업자, 비정규직 노동자, 소수자, 이민자, 난민 등 사회적 약자들은 매일 좌절감을 느끼며 산다. '안 뛴 형들'도 공동체의 소중한 일부라는 이강인의 인식이 대다수 한국인에게는 아직도 도착하지 않았다.

최근 갈등이 고조되고 있는 자사고 논란을 보라. 문제의 핵심은 경쟁 교육이냐 연대 교육이냐 사이에서 선택하는 것이며, 논란의 본질은 평가 지표의 공정성이라는 '기술적' 문제가 아니라 한국 교육이 지향해야 할 장기적 목표를 둘러싼 '철학적' 문제이다. 자사고 문제는 교육도 시장의 경쟁에 내맡겨야 한다는 이명박식 천민자본주의가 한국 교육에 가한 테러다. '내 돈 가지고 내 아이에게 좋은 교육을 시키겠다는데 뭐가 문제냐'며 막무가내로 덤비는 학부모들의 극단적인 개인주의가 교육을, 사회를, 결국은 이 땅의 아이들을 망치고 있다.

오늘의 독일 교육은 "경쟁 교육은 야만이다"라고 규정한 아도르노의 교육철학이 빚어낸 결과물이다. 경쟁을 지양하고자 하는 독일 교육의 이념은 '등수 없는 학교'로 실현되었고, 무엇보다도 '홈스쿨링' 불법화로 구현되었다. 홈스쿨링을 금한 2010년 브레멘 최고행정재판소 판결문을 보자. "가정에서 이루어지는 교육은 다른 사람과 함께할 때 배울 수 있는 사회성이 떨어지고, 의지를 관철시키는 능력이 약화되며, 책임감을 배울 수 없다. 고른 인격 형성을 위해서는 타인과 어우러지지 않는 교육은 의미가 없으며, 당연히 학교와 연계하여 이루어지는 것이 정상이다." 사회적 감수성이 결여된 교육, 인성보다 수월성을 앞세우는 교육은 교육이 아니다.

아도르노의 관점에서 보면 경쟁을 핵심 원리로 삼는 한국 교육은 야만의 극치를 보여주는 '반교육'이다. 자사고 문제의 중심에도 바로 경쟁 이데올로기가 있기에 "자사고 폐지가 시대정신"이라는 조희연 서울시 교육감의 말은 옳다. 우리는 '안 띈 형들'을 끊임없이 환기시키는 이강인의 어눌한 의젓함에서 느끼는 바가 있어야 한다.

좋은 공동체는 모두 함께 가는 공동체이다. 내 자식만 출발선에서 한 발짝 앞세우려는 욕망은 공동체에 해를 입힌다. '자식 사랑'이라는 이름으로 포장된 이기적 욕심 때문에 학교를 무한 경쟁의 정글로 만들어서는 안 된다. '안 된 형들', '소외된 동생들', '약한 이웃들'이 모두 함께 행복할 수 있는 공동체는 정녕 불가능한 것인가.

(2019. 6. 30)

대학입시, 개선이 아니라 폐지가 답이다 1

'조국 사태'가 몰고 온 후폭풍으로 교육개혁이 공론장의 뜨거운 화두로 떠올랐다. 늦었지만 다행스러운 일이다. 이번 기회에 한국 교육은 근본적으로 개혁되어야 한다. 교육 문제는 한국인의 모든 고통과 좌절의 근원이기 때문이다. 잘못된 교육정책으로 아이도 불행하고 부모도 불행하다. 교육제도의 패자는 말할 것도 없고, 승자도 불행하다. 서울대생의 절반이 우울증을 앓고 있다지 않는가.

한국에서 교육 문제는 곧 대학입시 문제이다. 모든 교육 문제가 대학입시라는 블랙홀로 수렴된다. 대학입시에 대한 근본적인 사고의 전환이 있지 않고서는 교육개혁은 공염불에 그칠 공산이 크다. 국민들 또한 알고 있다. 입시제도 개선이 쉽지 않으리라는 것, 이번에도 불공정과 특권을 넘어설 수 없으리라는 것을 모두가 경험으로 안다. 어떤 기막힌 제도를 내놓아도 기득권자들은 그것을 돈과 권력을 활용하여 자신에게 유리하게 만들 것이다.

지난 70년의 경험을 통해 우리가 배운 것은 대학입시는 '개선'될 수 없다는 사실이다. 이제 대학입시를 폐지할 때가 되었다. 그것이 우리 사회에 주는 고통과 폐해가 너무나 막대하기 때문이다.

첫째, 대학입시는 한국 교육을 고사시켰다. 모든 교육의 초점이 대학입시에 맞춰져 있기에 학교는 배움을 통해 타인과 교감하는 곳이 아니라, 살인적인 경쟁을 통해 우열을 겨루는 전쟁터가 되어버렸다. 사지선다나 단답형 문제를 풀며 단순 지식을 암기하는 교육을 받아온 학생들은 사유하지 않는 인간으로 굳어져간다. 교육의 목표가 높은 사유 능력과 사회적 교감 능력을 지닌 민주시민을 길러내는 것이라면 한국 교육은 완전한 실패작이다.

둘째, 대학입시는 한국 사회를 학벌계급사회로 타락시켰다. 사실 한국은 세계에서 유례가 없는 평등지향사회이다. 기성 권력집단(establishment)이 식민 지배와 내전을 통해 정치적, 문화적 헤게모니를 송두리째 상실한 사회이기 때문이다. 이러한 역사적 특수성 때문에 학벌은 사라진 과거의 신분을 대체하는 새로운 계급의 징표가 되었다. 한때 사회적 불평등을 교정하는 계급 사다리 역할을 했던 대학입시가 학벌계급사회를 재생산하는 수단으로 변질된 지 오래다.

셋째, 대학입시는 한국인의 일상을 '사막화'(프랑코 베라르디)했다. 대학 입학에 목숨을 거는 사회에서 가정은 입시 전쟁의 야전 사령부로 전락했다. 아이들의 미래를 위해 희생한다는 명목으로 가정의 행복은 유보되고, 일상은 활기와 생동감이 사라진 건조한 사막으로 변했다. 인생에서 가장 아름다운 시절을 누려야 할 학생들은 청소년기를 혹독한 노예 상태에서 보낸다.

요컨대, 한국의 대학입시는 반교육적이고 반사회적일 뿐만 아니라 한국인의 삶을 불모화하는 근원이다.

우리는 여전히 '대학입시가 없는 나라'를 상상하기 어렵지만, 세상엔 그런 나라가 적지 않다. 독일에는 대학 입학시험 자체가 없다. 아비투어(Abitur)라고 불리는 고등학교 졸업 시험만 있을 뿐이다. 아비투어에 합격하면 누구든 원하는 대학, 원하는 학과를 원하는 때에 갈 수 있다. 아비투어는 대학에 가고자 하는 학생이라면 큰 무리 없이 대부분 합격한다. 또한 학생들은 대학과 학과도 자유롭게 바꿀 수 있다. 예컨대 베를린대학에서 심리학을 공부하다가 프랑크푸르트대학에서 철학을 공부하고 싶으면 대학을 옮기면 된다. 이러한 제도는 모든 사람에게 최대한 폭넓은 기회를 제공해야 한다는 사회적 합의에서 나온 것이다.

대학입시 없이도, 경쟁 교육 없이도 강한 나라, 좋은 사회를 만들 수 있다. 독일은 경제적으로 유럽연합을 이끄는 강한 나라일 뿐만 아니라, 사회적 정의가 중시되는 성숙한 사회다. 학교에서 경쟁하지 않는다고 학문 수준이 떨어지는 것도 아니다. 독일은 20세기 초 이래 노벨상 수상자를 100명 이상 배출했고, 연대 교육과 비판 교육을 강조한 68혁명 이후에도 40명 가까운 노벨상 수상자를 낳았다.

문재인 정부가 정말로 근본적인 교육개혁을 할 의지가 있다면 대학 입학시험의 '개선'이 아니라 '폐지'를 적극 검토해야 한다. 대학입시를 없애야 교육이 정상화되고 삶이 정상화되며, 아이들이 정상적으로 성장할 수 있다. 그것이 한국 교육을 살리고, 한국 사회를 살리고, 한국인을 살리는 길이다. 지금이야말로 한국인을 옥죄어 온 가장 무거운 족쇄, '학벌계급사회'로부터 벗어날 절호의 기회다. 모두의 힘과 지혜를 모을 때다.

(2019. 9. 22)

대학입시, 개선이 아니라 폐지가 답이다 2

    지난번 칼럼 '대학입시, 개선이 아니라 폐지가 답이다'에 많은 댓글이 달렸다. "한국과 독일은 상황이 다르다"며 대입 폐지 주장은 "비현실적"이라는 따끔한 비판도 있었고, "사회 전체의 가치관이나 시스템을 고치지 않고서 입시만 폐지한다고 되느냐"는 타당한 지적도 있었다. 대체로 맞는 말들이다. 그 칼럼에서는 한국 교육의 문제점을 지적하고, 대안으로 독일의 경우를 소개하려는 의도였기에 지면 관계상 충분한 설명을 할 수 없었다. 이제 독일의 경우와 비교하며 대입 폐지의 방법에 대해 생각해 보자.

    대학입시 폐지는 요원한 꿈도, 터무니없는 이상도 아니다. 그것은 우선 현 정부의 핵심 공약들을 실천하는 데서 시작하면 된다.

자사고, 외고, 국제고 등 특권 학교 폐지를 통한 고교 서열화 해체와 국립대학 네트워크화, 사립대 공영화를 통한 대학 서열 체제 완화는 현 정부의 핵심 공약이다. 이 공약만 실현돼도 살인적인 교육 경쟁은 대폭 완화될 것이고, 대학입시 폐지도, 경쟁 없는 학교도 가시권에 들어올 것이다. 그것은 한국 사회를 승자독식의 무한 경쟁 사회에서 정의와 연대의 포용 사회로 바꾸는 대전환의 기폭제가 될 것이다.

독일의 경우처럼 대학 입학시험이 없고, 고등학교 졸업 시험(아비투어)만 합격하면 원하는 대학, 원하는 학과를 갈 수 있는 제도를 가능하게 한 전제 조건은 무엇보다도 대학의 평준화다. 독일은 베를린 훔볼트대학, 하이델베르크대학처럼 '전통 있는 대학'은 있지만, 우리처럼 '일류 대학'은 없다. 엘리트 대학도, 대학 서열도 없이 모든 대학이 평준화돼 있고, 또 거의 모든 대학이 국립대학이다. 따라서 학생들은 자유롭게 대학과 학과를 택하고 옮길 수 있다.

여기서 늘 따라다니는 질문은 인기 학과로 몰리는 경우는 어떻게 하느냐는 것이다. 물론 독일에도 학생들이 선호하는 인기 학과가 있다. 대체로 문과에선 심리학과, 이과에선 의대가 인기가 좋다. 그런 학과를 '정원제한학과(NC)'라고 한다. 정원제한학과의 학생 선발 방식은 대학마다 다르다. 과거에는 추첨을 가장 많이 이용했지만, 요즘엔 아비투어 성적을 반영하는 대학도 많다. 그러나 여기엔 제한이 있다. 성적은 20퍼센트 이상 반영할 수 없다는 것이다. 나머지 20퍼센트는 대기 연한을 반영해야 하고, 60퍼센트는 대학이 자유재량으로 결정한다. 즉 독일에서는 성적이 조금 모자라는 학생도 3~4년 대기하면 의대에 갈 수 있고, 그 기간 동안에는 관련 분야의 학점을 미리 따도록 길을 열어주고 있다. 성적이 미흡하지만 대기 기간을 통해 입학한 학생들이 더 훌륭한 의사가 되었다는 연구 보고서도 많다.

독일의 대입 제도는 우리에겐 매우 꿈같은 '비현실적인' 제도로 보이지만, 사실은 현실적으로 매우 '생산적인' 제도이다. 독일은 모든 학생들에게 최대한 많은 기회를 제공함으로써 학생들은 잠재력을 맘껏 발휘할 수 있다. 반면 우리의 경우는 학생들에게 최소한의 기회만을 제공함으로써 학생들은 자신이 원치 않는 분야에서 능력과 개성을 탕진하는 경우가 허다하다.

대학입시는 한국인의 잠재력을 고사시키는 제도다. 입학시험 한 번으로 한 인간의 모든 가능성을 판단하고, 이에 실패한 자에게는 잠재력을 실현할 기회마저 박탈한다. 그로 인해 사회 전체로 보면 무수히 많은 가능성이 사장되고 마는 것이다.

대학입시 폐지는 물론 지난한 길이다. 그것은 사회적 인식과 사회 구조의 변화 없이는 이루어지기 어렵다. 무엇보다 학벌에 따른 문화적 차별 의식과 사회적 불평등 구조가 혁파돼야 한다. "아추비(고등학교 졸업자)는 벤츠 타고, 아비(대학 졸업자)는 골프 탄다"는 독일의 현실은 우리에겐 여전히 먼 길이지만, 그래도 가야 할 길이다.

한국에서 교육개혁이 성공하지 못한 이유는 개혁의 불철저성에 있다기보다는 개혁의 방향성과 목표가 잘못됐다는 데 있다. '공정'이라는 이름으로 더 가열찬 경쟁을 부추기는 '개혁'은 개선이 아니라 개악이다.

우리는 어떤 사회에 살고 싶은가, 아이들이 어떤 인간이 되기를 바라는가, 교육개혁은 이 근본적인 물음에서 출발해야 한다. 무한 경쟁 사회, 학벌 강박 사회에서 이제는 벗어나야 한다. 아이들이 행복감을 느끼는 학교를 만들어야 한다. '경쟁을 통한 배제'에서 '연대를 통한 포용'으로 교육의 원칙을 바꿔야 한다. 모든 아이들의 잠재력이 한껏 발현되는 사회로 나아가야 한다. 대학입시 폐지가 그 첫걸음이다.

(2019. 10. 20)

대한민국 새 100년, 새로운 교육으로

    문재인 정부가 '대한민국 100년'을 강조할 때 내심 적잖은 기대를 품었다. '무언가 근본적인 변화를 기획하고 있구나.' 그러나 별다른 변화의 조짐이 보이지 않는다. 사실 내 기대는 바로 교육개혁이었다. '백년지대계'라는 교육의 새로운 청사진을 제시하는 것이야말로 새로운 백년을 맞는 나라에서 감행할 만한 가장 근사한 사업이 아닌가.

    게다가 지금 교육개혁은 시대의 명령이다. 교육의 근본적인 변화가 필요한 시대인 것이다. 지난 세기를 돌아보면 사실 이 나라는 제대로 된 '교육'을 해본 적이 없다. 한국의 교육은 비교육 정도가 아니라 아예 반교육에 가까웠다. 지난 100년 동안 존엄한 인간을 기르는 교육, 성숙한 민주주의자를 키우는 교육을 해본 적이 없다.

30년 일제 강점기는 황국신민을 기르는 것을, 해방 후 40년 독재 시대는 반공 투사 혹은 산업 전사를 키우는 것을, 30년 민주 시대조차 '인적 자원'을 기르는 것을 교육의 목표로 삼았다. 일제의 제국주의 교육, 독재정권의 국가주의 교육, 민주 정부의 신자유주의 교육으로 점철된 한국 교육 100년은 그대로 반교육의 역사였다.

지난 100년의 교육에 일관된 것은 '능력주의(meritocracy)' 교육이다. 시대마다 지향하는 목표는 달랐지만 추구하는 방식은 같았다. 이제 능력주의 교육은 '존엄주의(dignocracy)' 교육으로 바뀌어야 한다. 존엄한 인간을 기르는 것을 교육의 목표로 삼아야 한다. 새로운 100년의 교육은 '수월성' 교육에서 '존엄성' 교육으로 패러다임을 전환해야 한다.

한국에서 교육 문제는 단순한 '교육'의 문제가 아니다. 그것은 가장 심각한 사회 문제요, 정치 문제다. 교육을 통해 사회적 불평등이 심화되고, 사회적 정의가 유린되었으며, 학벌계급사회가 고착화되었기 때문이다. 살인적인 경쟁 교육 때문에 아이들이 기형화되고, 우리의 삶이 황폐화되었다.

한국은 세계에서 가장 '경쟁'이 심한 나라다. 거기엔 역사적, 사회적 이유가 있다. 첫째는 정신사적인 이유이다. 일제 강점기를 풍미하던 사회적 다위니즘 사상이 해방 후 미국식 시장자유주의 이데올로기와 결합하면서 세계 어디서도 볼 수 없는 '경쟁 절대주의'가 탄생한 것이다. 경쟁은 자연의 법칙이고 시장의 원리이자 정의의 유일한 척도라는 이상한 논리가 지배하게 된 것이다. 둘째, 불평등 때문이다. 세계 최고 수준의 불평등은 세계 최고 강도의 경쟁을 초래했다. 불평등한 사회일수록 경쟁이 심한 법이다. 셋째는 전통적 지배 질서(establishment)가 붕괴한 사회이기 때문이다. 식민 지배와 한국전쟁을 거치면서 지극히 평등 지향적인 사회가 생겨났지만, 이 평등의 들판에서 학벌이라는 괴물이 새로운 신분적 대체물이 됨에 따라 세계에서 유례가 없는 학벌계급사회가 탄생한 것이다.

한국은 '30-50 클럽'에 속한 7개국(미국, 일본, 영국, 프랑스, 독일, 이탈리아, 한국) 중에서 '제국주의의 과거'가 없는 유일한 나라다. 이것은 이 나라에 묘한 도덕적 기품을 부여한다. 한국은 포스트 코로나 시대에 새로운 영감과 희망을 줄 수 있는 나라다. 케이(K) 방역만이 아니라, 가장 자유롭고 평등한 사회로서 말이다. 만약 우리가 교육혁명을 통해 '경쟁 없는 교육'을 실현하고 학벌계급사회를 타파할 수만 있다면 대한민국은 가장 역동적인 나라, 가장 멋진 공동체로 부상할 수 있다. 교육혁명이 이 '고단한 나라'를 '고상한 나라'로 변화시킬 것이다.

무엇을 할 것인가. 이미 답은 나와 있다. 유럽의 대다수 나라들이 하는 대로 '정의로운 교육'을 실천하면 된다. 구체적으로는 네 가지를 폐지해야 한다. 첫째는 대학입시 폐지, 둘째는 대학 서열 폐지, 셋째는 대학 등록금 폐지, 넷째는 특권 학교 폐지가 그것이다. 이것은 꿈이 아니다. 유럽에서는 상식이자 일상이다.

대한민국의 새 100년은 이렇게 새로운 교육으로 시작되어야 한다. 이제 야만적인 경쟁 교육을 끝내야 한다. 아이들을 '죽음'으로, 가정을 '사막'으로, 사회를 '정글'로 몰아대선 안 된다. 우리도 행복할 권리가 있다.

(2020. 6. 7)

4장

짓밟힌 '지성의 전당'

주현우, 김예슬 그리고 대학의 죽음

"큰 배움도 큰 물음도 없는 대학(大學) 없는 대학에서, 나는 누구인지, 왜 사는지, 무엇이 진리인지 물을 수 없었다. 우정도 낭만도 사제 간의 믿음도 찾을 수 없었다. 가장 순수한 시절 불의에 대한 저항도 꿈꿀 수 없었다. 스무 살이 되어서도 내가 뭘 하고 싶은지 모르고 꿈을 찾는 게 꿈이어서 억울하다."

김예슬의 '자퇴 선언'을 한 학생이 읽어가자 일순 강의실이 술렁이기 시작했다. 어디선가 잔기침 소리가 잦아졌고, 여기저기서 나직이 울먹이는 소리가 들려왔다. 낭독 후 자신의 느낌을 말하던 여학생이 기어이 울음을 터뜨리자 학생들의 눈가에 눈물이 번져갔다. 예상치 못한 일이었다. 저 쾌활해 보이는 학생들의 마음속에 저런 응어리가 맺혀 있었다니. 처음으로 학생들의 심연을 들여다본 느낌이었다. 내 안에서도 뜨거운 무언가가 울컥 치밀었다. 아버지 세대로서, 선생으로서 부끄러웠다.

주현우의 '안녕들 하십니까?' 대자보를 읽으며 가장 먼저 떠오른 것이 2010년 그날의 강의실이었다. 김예슬이 떠난 그 교정에서 오늘 그는 고백한다. "침묵과 무관심을 강요받은 세대"였기에, "단 한 번도 스스로 고민하고 목소리 내기를" 요구받지 않았기에, "그렇게 살아도 별 탈 없으리라 믿어왔다"고. 그리고 우리에게 묻는다. 정치적 불의와 사회적 비참의 시대에 모두 "안녕들 하시냐"고.

주현우의 고백과 김예슬의 선언은 괴짜들의 개인적 '일탈'이 아니다. 깊은 공감과 너른 호응은 이들이 젊은 세대의 정서를 대변함을 알려준다. 이들은 이 땅에 사는 청년들의 막막함과 하릴없음, 무력감과 불안을 진솔하게 드러낸다. 살벌한 생존 경쟁의 정글 속에서도 옳음에 대한 용기와 자유에 대한 감수성이 살아 있음을 감동적으로 증언한다.

나아가 주현우와 김예슬은 한국 대학이 처해 있는 심각한 위기를 상징적으로 보여준다. 김예슬이 떠난 곳이 "대기업에 '부품'을 공급하는 하청 업체가 된 대학"이라면, 주현우가 황야의 이리처럼 외로이 '안녕' 대자보를 붙인 곳은 정치적 공론장이 사라진 대학이다.

오늘날 이 땅의 대학은 더 이상 진리의 상아탑도 정치의 공론장도 아니다. 대학이 스스로 대학이기를 포기하고 있다. 근대 대

160

학의 창시자인 훔볼트의 말처럼 대학이 '교수와 학생으로 이루어진 자유롭고 평등한 학문공동체'라면, 이 땅에 대학은 없다.

교수와 학생은 대학의 자유롭고 평등한 주체가 아니라 단순한 관리 대상으로 전락했고, 경쟁과 승자독식의 논리 속에 학문공동체는 붕괴했다. 진리를 탐구하고 정의를 혜량하며 사회에 기여하는 최고 학문 기관이 대학이라면, 이 땅에서 대학은 숨을 거둔 지 오래다. 진리, 정의, 연대의 가치는 낡고 시대착오적인 것으로 외면당하고, '경쟁력', '효율성', '수익성', '선택과 집중' 따위의 마케팅 용어들만 난무한다. 대학은 취업학원으로, 학생은 지식 소비자로, 교수는 지식 소매상으로 전락했다. 대학이 지녔던 도덕적 권위와 사회적 책임감은 가뭇없이 사라졌고, 실용주의의 탈을 쓴 반지성주의가 대학의 이념을 질식시켰다. 대학은 이제 지성의 폐허, 정신의 황무지, 정치의 불모지가 되어버렸다.

훔볼트는 대학을 "가장 이상적인 유토피아를 선취하는 소우주"라고 했다. '대학 밖의 세상'에서 온갖 착취와 불의와 거짓이 판친다 해도, '대학 안의 세계'는 인간이 이룰 수 있는 가장 이상적인 공동체가 되어야 한다는 것이다. 그런데 오늘날 한국 대학은 대학 밖의 세상보다도 더 흉물이 되어가고 있다. 최근 여러 대학에서 벌어지고 있는 미화원과 경비원에 대한 비인간적 처우와 파렴치한 착취는 대학이 볼썽사나운 몰골로 죽어가는 모습을 처연하게 보여준다.

(2013. 12. 22)

대학의 죽음과 절망사회

대학이 진리를 탐구하고 정의를 옹호하는 기관이라면, 이 땅에서 대학은 죽었다. 진리는 실용에 자리를 빼앗겼고, 정의는 실리에 무릎을 꿇었다.

2015년 8월 17일 오후 3시경, 부산대학교 국어국문학과의 고현철 교수가 "진정한 민주주의를 위해서 희생이 필요하다면 감당하겠다"라는 제목의 유서와 함께, 부산대 총장 직선제 사수를 외치며 투신했다. 고현철 교수의 비극적인 죽음은 한국 대학의 죽음을 대유(代喩)한다. 그는 시인의 품성, 순수한 영혼을 지녔기에 세상의 풍파에 무뎌진 가슴과 흐려진 눈을 가진 우리가 보지 못한 진실을 보았다. "대학은 죽었다"는 진실 말이다. 니체의 짜라

투스트라가 시장터의 군중에게 "신의 죽음"을 고지했듯이, 고 교수는 자신의 죽음으로 몽매한 우리에게 대학이 죽었음을 깨우쳐 주었다.

대학을 죽인 것은 이 땅의 권력이다. 그들은 진리와 정의를 존재 이유로 삼는 대학을 두려워했기에 줄곧 대학을 억눌러왔고, 마침내 대학의 숨통을 끊어버렸다. 특히 역사적·정치적 정당성을 결여하고 있는 보수 세력은 언제나 대학을 눈엣가시로, 탄압의 대상으로 여겨왔다.

시대의 흐름에 따라 변한 것은 탄압의 방식뿐이다. 군사 독재 정권이 고문, 폭행, 감시, 투옥, 파면 등 노골적으로 '물리적 폭력'을 자행했다면, '민주화' 이후 이명박, 박근혜 정권은 재정지원, 행정지도 등을 무기로 부드러운 '제도적 폭력'을 행사해 왔다. 거기에 자본 권력은 수월성, 경쟁력, 효율성, 소비자주의 등 기업 논리를 앞세워 대학의 이념을 무력화시켰다. 국립대의 경우는 주로 국가 권력이 행정적·재정적 수단을 동원해서, 사립대의 경우는 자본 권력이 돈의 위력을 무기로 대학을 지배해 온 것이다.

그 결과 오늘날 한국 대학은 국가 권력과 자본 권력에 완전히 포획되어 자신의 이념과 정체성을 잃어버렸다. 사회 비판적인 학문은 고사당하고, 진보적인 담론은 사라져가고 있다. 마케팅 용어와 시장 논리가 대학 담론을 지배하는 가운데 진리, 정의, 자유, 평등, 연대 등 대학의 이념은 숨을 거두고 있다.

이 땅의 기득권 세력이 대학의 숨통을 죄는 의도는 명백하다.

보수의 영구적 집권과 자본의 총체적 지배를 위해 이들에 맞서는 최후의 보루인 대학을 무너뜨리려는 것이다.

한국의 보수 세력은 한국 민주주의의 선봉장 구실을 해온 대학에 대해 역사적 트라우마를 지니고 있다. 대학은 4·19혁명, 부마항쟁, 5·18민주화운동, 6·10항쟁으로 이어지는 민주화운동 과정에서 늘 선두에 섰고, 노동운동을 이론화, 조직화하는 데 크게 기여했다. 국가 권력과 자본 권력이 결탁하여 대학을 향해 총공세를 펼치는 이유는 바로 여기에 있다.

이런 지속적인 탄압의 결과 지금 한국 대학은 사회의 여러 조직 중에서 가장 후진적인 조직으로 전락했다. 초등학교 반장도 선거로 뽑는 시대에 '지성의 전당'이라는 대학에서 총장 하나 민주적으로 선출할 수 없다는 것은 국가적 수치다. 한국 민주주의의 산실이었던 대학이 이제 민주주의의 무덤으로 변해버렸다.

대한민국은 세계를 놀라게 한 경제 기적과 정치 기적을 동시에 이룬 나라지만 우리 국민은 깊은 절망감에 휩싸여 있다. 세계 최고의 자살률과 세계 최저의 출산율은 그 절망의 깊이를 짐작하게 한다. 우리 사회가 이처럼 절망사회가 된 것은 무엇보다도 권력의 부정과 횡포, 사회적 불평등과 부조리에 맞서 싸워온 대학이 무너졌다는 사실과 무관치 않다. 대학의 폐허에서 절망의 연기가 번져가고 있다.

절망을 절망으로 인식하지 못하는 사회는 희망이 없다. 대학은 비판을 통해 절망의 원인을 인식시킴으로써 희망을 일깨우는 곳이다. 한국 사회가 절망의 늪에서 벗어나기 위해서는 대학이 부활해야 한다. 대학이 진리와 정의의 수호자로서 다시 살아나야 한다. 총장 직선제를 통한 대학 자치의 실현은 그 첫걸음이다.

(2015. 8. 23)

대학 등록금에, 생활비까지 주는 나라

'반값 등록금' 얘기가 쏙 들어갔다. 복지 공약들이 하나둘 '빈 약속'으로 드러나는 가운데, 등록금 공약은 흰소리조차 들리지 않는다. 대학생을 둔 집집마다 한숨 소리가 그칠 새가 없다.

'등록금 1,000만 원 시대'라 하지만 여기에 주거비·식비·교통비·책값·용돈 등 최소한의 생활비만 합쳐도, 대학생 한 명이 1년에 감당해야 할 부담이 2,000만 원은 족히 넘는다. '대학생 2,000만 원' 시대에 살고 있는 것이다.

독일엔 대학 등록금이 없다. 1946년 당시 22세이던 프랑크푸르트대학 학생 카를하인츠 코흐가 수업료는 위법이라고 소송을 제기해 승소함에 따라 헤센주에서 최초로 수업료가 폐지되었다. 그

후 1970년까지 수업료는 독일 전역에서 차례로 사라졌다. 오늘날 학생이 대학에 내는 돈은 한 푼도 없다. 물론 2000년대 중반 신자유주의적 세계화의 바람 속에 몇몇 주에서 소정(1년에 약 75만 원)의 등록금을 받은 적이 있지만, 지금은 이마저 모두 폐지되었다.

독일에선 등록금만 없는 것이 아니다. 대학생의 생활비는 국가에서 대준다. 이를 '바푀크(BAföG)'라 한다. '모두를 위한 교육'을 공약으로 내건 사민당 빌리 브란트 총리가 1971년 '기회의 평등을 실현하기 위해' 도입한 제도다. 바푀크 덕분에 오늘날 독일 대학생들은 생활비 걱정 없이 공부에만 전념할 수 있다.

이런 제도는 '똑똑한 학생'과 '비전을 가진 정부'가 있었기에 가능했다. 학생들은 1960년대 초 대학 개혁안을 스스로 만들고, '학생의 경제적 해방'을 대학 개혁의 3대 목표 중 하나로 삼았다. 생활 형편과 학업 능력에 따라 장학금을 주는 전통적인 방식은 '사회적 정의'에 부합하지 않으며, '학문의 자유'를 침해한다고 학생들은 비판했다. 그들이 제시한 대안은 '연구 보수'였다. 대학생의 본분은 '연구'에 있고, 연구는 '사회적 노동'이므로, 대학생의 연구 활동에 대한 보수를 국가가 지급하는 것이 당연하다는 논리다.

한편 브란트 정부는 '교양사회'라는 비전 아래 돈이 없어 대학 교육을 받지 못하는 사람이 없는 사회를 천명했다. 학생들의 '연구 보수' 구상과 브란트의 '교양사회' 비전의 합작품이 바로 '바푀크'다.

우리에겐 모두 꿈같은 얘기다. 대학 등록금은 세계 최고 수준이고, 대학생의 생활비는 '각자 알아서' 해결해야 하는 것이 우리네 현실이다. 부자 부모를 둔 소수를 제외하면, 대다수의 학생들이 치솟는 등록금과 생활비 마련에 정상적인 대학 생활을 하지 못하는 상황이다. 밤새 편의점 아르바이트를 하고 벌겋게 충혈된 눈으로 수업을 듣는 현성이, 목돈을 벌겠다고 며칠씩 병원 임상실험 침대에 누웠다 휑한 얼굴로 나타난 용민이, 동생이 대학에 입학해 휴학할 수밖에 없다며 고개를 떨구던 희정이. 이들 앞에서 얼굴을 들 수가 없다.

이 모든 책임은 일차적으로 국가에 있다. 한국은 대학 교육에 관한 한 세계에서 가장 무책임한 나라이다. 세계 어느 선진국이 대학 교육의 80퍼센트 이상을 비싼 사립대학에 떠맡기고, 대학생 교육비를 거의 전적으로 가정에 전가하는가. 해방 이후 지금까지 정부가 떠맡아야 할 대학 교육비를 우리 부모들이 대신 짊어져왔다.

이젠 국가가 국민에게 진 빚을 탕감할 때가 되었다. '대학 등록금'이란 말은, 유럽 대부분의 국가에서처럼, 이제 사전에서 사라져야 할 때가 되었다. 대학생 생활비에 대한 지원 또한 소수에게 주어지는 장학금이라는 '시혜'가 아니라, 연구라는 '사회적 노동'에 대해 모두에게 지급되는 정당한 '대가'로 보아야 한다. 인식의 대전환이 필요한 시점이다.

(2013. 12. 1)

자본에 점령당한 한국 대학

삼성이 올해 신입사원 채용부터 적용하기로 한 '대학 총장 추천제'가 큰 사회적 논란을 불러일으키더니, 마침내 전면 '유보'하기로 결정되었다고 한다. 여론의 비판은 주로 삼성이 대학별로 추천 인원을 차등 할당해, 대학 서열화를 부추기고, 대학·지역·성별 간의 차별을 조장했다는 데 모아졌다.

그러나 이런 비판은 문제의 핵심을 한참 빗나간 것이다. 문제는 삼성의 '차별 할당'에 있다기보다는, 대학을 마치 자신의 하부 기관처럼 취급하는 기업의 오만한 행태와 이런 어이없는 행태를 당연시하는 우리 사회의 의식 수준에 있다.

이번 사태의 진정한 의미는 우리 사회에 잠복해 있던 중요한 진실을 드러내주었다는 데 있다. 한국 대학이 완전히 자본에 예속되어 있다는 진실 말이다. 이 땅에선 자본 권력이 대학을 점령했고, 시장 논리가 대학을 장악했다. 그 와중에 대학은 놀라운 속도로 기업화되었다.

이 땅에 대학은 없다. '진리와 정의를 추구하는 학문공동체'는 더 이상 존재하지 않는다. '기업이 선호하는 인재를 양성하는 고등 직업훈련소'만 존재할 뿐이다. 오늘날 한국 대학은 그 외양도 정신도 완전히 변해버렸다. 대학 캠퍼스는 기업 상호를 단 건물, 기업 홍보물, 취업 정보물로 뒤덮여 있다. 자본은 건물을 지어주거나, 연구비를 지원하는 방식으로, 혹은 대학을 설립하거나 기존 대학을 '구매'하는 방식으로 대학을 지배하고 있다.

시장은 '경쟁력', '수익성', '효율성' 등 경영 논리를 앞세워 대학을 평정한 지 오래다. 게다가 시장 논리로 중무장한 재벌 언론이 대학 평가의 칼을 움켜쥠에 따라 대학은 꼼짝없이 시장의 포로로 포획되었다.

돌아보면 역사상 어떤 권력도 오늘날의 자본 권력처럼 대학을 완전히 지배한 적은 없었다. 대학은 언제나 진리와 정의의 편에 서서 그 시대의 지배적 권력과 맞서 싸웠다. 중세 대학은 종교적 도그마를 강요하는 교회 권력과 맞섰고, 근대 대학은 정치적 이데올로기를 강제하는 국가 권력과 투쟁했다. 한국 대학을 돌아보아도 엄혹한 군사 독재 시절 대학의 육신은 만신창이가 되었어도, 그 영혼만은 오롯이 깨어 있었다.

그러나 오늘날 한국 대학은 시장의 논리로 짓누르는 자본 권력의 압박 아래 육신도 영혼도 퇴락해 버렸다. 자신을 지켜낼 언어도, 담론도, 이념도 만들어내지 못한 채 무기력하게 자본 권력과 시장 논리에 굴종하고 있는 것이 오늘날 한국 대학의 현실이다.

진리와 정의가 무너진 폐허 속에서 대학의 기업화는 날로 가속화되고 있다. 그것은 자본한테는 일거양득의 수지맞는 사업이다. 대학에 널리 퍼진 진보적 이념을 시장적 실용주의로 탈색시키고, 대학의 공적 성과물을 기업의 사적 이득을 위해 활용할 수 있기 때문이다.

반면 대학의 기업화가 대학 사회에 미친 영향은 괴멸적이다. 진리 탐구의 전제인 학내 민주주의는 심각하게 훼손되었고, 최고 학문 기관으로서 대학의 도덕적 권위는 참담하게 무너졌다. 또한 대학의 기업화는 우리 사회에 치명적인 영향을 끼쳤다. 기업화된 대학이 생산하는 기업 담론이 사회적 담론을 지배함에 따라 시민사회의 민주적 욕망과 실천이 크게 약화되었다. 특히 인문사회과학에 대한 시장의 공격은 지배 이데올로기에 비판적인 담론 생산을 원천봉쇄하고, 시장 이데올로기에 순종적인 노동자와 자동인형적인 소비자를 양산하는 효과를 낳았다.

이처럼 '대학 기업화' 현상은 고도의 정치적 성격을 지니고 있다. 그것은 시장이 사회의 모든 영역 중에서 가장 비판적인 영역인 대학을 제압함으로써 시장의 총체적 지배가 완료되었음을 알리는 신호탄이며, 자본 독재에 맞선 대체 담론을 생산할 마지막 보루인 대학이 마침내 소멸할 위기에 직면해 있음을 알리는 불길한 경보음이다.

(2014. 2. 2)

신문사 대학 평가와 대학의 식민화

신문사의 대학 평가에 반대하는 대학생들의 움직임이 확산되고 있다. 2014년 9월 22일, 고려대 총학생회가 '대학 평가 거부 운동'을 공식 선언했다. 그 후 10월 6일에는 고려대를 비롯해 경희대, 국민대, 동국대, 서울대, 성공회대, 연세대, 한양대 등 8개 대학 총학생회가 '대학 줄 세우는 중앙일보 대학 평가 반대한다'는 현수막을 내걸고 기자회견을 했고, 이어 11일에는 대학 평가 반대 선언에 참여한 총학생회들이 한양대에 모여 '누구를 위하여, 대학은 줄 서는가'라는 주제로 포럼을 열었다.

대학의 학생 대표 기구가 연합하여 '대학 평가 거부'를 선언한 것은 1994년《중앙일보》가 대학 평가를 실시한 이후 처음 있는 일이다. 이번 선언이 지난 20년간 신자유주의의 광풍 속에서 대학이 겪어온 '거대한 몰락'을 멈추게 하고, 대학이 본연의 모습을 되찾는 '거대한 전환'의 시발점이 될 수 있을지 대학 사회의 관심이 고조되고 있다.

학생들이 신문사 대학 평가를 거부하는 일차적인 이유는 그것이 대학 순위 발표를 통해 대학을 줄 세운다는 것이다. 백번 옳은 말이다. 신문사 대학 평가는 우리 사회의 고질적 병폐인 '대학 서열화'와 '학벌사회'를 더욱 고착시켰다.

신문사 대학 평가가 초래한 문제는 여기에 그치지 않는다. 재벌 신문이 대학 평가를 주도해 오는 동안 대학이 부지불식간에 자본의 손아귀에 장악되었다는 사실에 주목해야 한다.

지난 20년간 한국 대학은 대학의 본질을 훼손당하며 자본 권력에 자원(인적자원), 기술(특허), 이데올로기(기업 담론)를 제공하는 식민지로 전락했다. 대학 평가는 이 식민화 과정에서 자본이 활용한 가장 강력하고 효과적인 무기였다. 재벌 언론이 자본의 입맛에 맞춰 만든 지표에 따라 대학을 평가하였고, 대학은 이런 평가를 거부하기는커녕 이들이 제시한 기준에 따라 경쟁적으로 자신을 '개혁'함으로써 자발적으로 자본에 예속되는 상황에 이른 것이다.

물론 대학 평가를 시행하는 신문사는 평가의 '객관성'을 강조한다. 그러나 객관적 평가란 존재하지 않는다. 모든 평가지표는 숫자로 환원된 가치다. 재벌 신문이 제시하는 평가지표란 자본이 바라는 대학의 모습을 수치화한 것일 뿐이다. 거기에 담긴 것은 자본의 속셈이다. 대학에 대한 장악력을 높이려는 의도이고, 비판적인 학문을 억압하려는 의지다. 아무도 권한을 부여한 적이 없는 일개 언론사가 철저히 자본의 관점에서 만든 자의적인 지표를 가지고 들이대는 대학 평가에 '지성의 전당'을 자처하는 대학이 굴종하는 현실은 한 편의 희비극에 가깝다.

자본에 의한 대학 식민화의 결과는 참담하다. 가장 심각한 문제는 무소불위의 자본 권력을 견제할 최후의 보루가 무너졌다는 사실이다. 정치에 대한 경제의 우위가 고착화되는 신자유주의적 정세 속에서 자본의 독단적 권력을 제어할 학문적, 도덕적 권위마저 무력화되었다는 것은 대단히 우려스러운 일이다.

학문 세계의 황폐화도 심각하다. 자본 권력에 비판적인 학문 영역은 '구조조정'이라는 이름으로 퇴출당하거나 축소되었다. 특히 대학의 '영혼'인 인문사회과학이 직격탄을 맞았다. 대학생의 지적 수준도 크게 하락했다. 자본이 원하는 것은 기능적, 실용적 지식인 까닭에 인간과 사회, 역사와 문화에 대한 깊이 있는 공부는 기피 대상이 된 지 오래다.

재벌 신문의 대학 평가는 단호히 거부되어야 한다. 그것이 지금 대학 사회와 학계에 던져진 절박한 시대적 요청이다. 학생들이 움직였다. 이제 교수들이 응답할 차례다.

(2014. 10. 19)

학문과 지성을 모욕하는 '취업 중심 대학론'

황우여 교육부 장관의 최근 발언이 대학 사회에 커다란 우려를 불러일으키고 있다. 그는 '취업이 인문학보다 우선하며, 취업 중심으로 교육제도를 바꿔야 한다'는 요지의 발언을 했다고 한다. 국가의 '백년대계'를 책임진다는 교육부 수장이 이런 근시안적인 교육관을 가졌다는 사실에 놀라지 않을 수 없다.

'취업이 인문학에 우선한다'는 기상천외한 발언은 고용노동부 장관이나 전경련 회장의 입에서라면 몰라도, 교육부 장관의 입에서 나올 말이 아니다. 교육에 대한 철학과 비전을 가진 교육부의 수장이라면 오히려 학문과 지성의 이름으로 그런 말을 하는 자의 무지와 단견을 꾸짖어야 마땅하다.

취업을 중심으로 대학을 재조정하겠다는 교육부 장관의 '취업 중심 대학론'은 이 나라의 대학과 학문, 나아가 국가 발전과 청년의 미래에 파국적인 영향을 미칠 수 있는 지극히 위험한 발상이다. 그것은 가뜩이나 죽어가고 있는 한국 대학의 마지막 숨통을 조이는 행위와 다를 바 없다.

이명박 정부가 취업률을 잣대로 대학 평가를 시행한 이후 인문사회과학과 자연과학 등 기초학문 분야가 고사 직전의 위기에 몰리게 되었음은 주지의 사실이다. 세계적으로 유례가 없는 이런 천민자본주의적 대학 평가가 최고 학문 기관인 대학을 초토화시킨 결과 한국 대학은 세계적 학문 수준에 더욱 뒤처지게 되었다. 우리처럼 높은 교육열을 자랑하는 나라에서 아직까지도 노벨상을 받은 학자가 하나도 없는 현실은 우리 학문의 현주소를 단적으로 보여준다.

한 나라의 최고 학문 기관을 취업을 중심으로 재편하겠다는 발언은 대학과 학문에 대한 선전포고라 하지 않을 수 없다. 시장의 논리와 기업의 이해에 따라 학문 세계를 재단하겠다는 것은, 대학 시장화를 규탄하는 시카고대학 교수들의 말을 빌리면, "그 자체가 인간정신에 대한 범죄행위"이다. "시장 이데올로기가 학문적 삶의 심장에 침투해 들어온 것이 미국 대학이 직면한 가장 큰 위협"(제니퍼 워시번)이라는 경고는 결코 남의 나라 얘기가 아니다.

황 장관의 취업 중심 대학론은 또한 한국 사회의 기득권층이 지닌 본질적인 기만성을 드러낸다는 점에서 징후적이다. 그것은 빈곤 문제의 제도적 해결을 위한 법안에는 매번 반대표를 던지면서도 '이웃돕기' 행사에는 요란하게 앞장서는 정치인의 행태와 닮았다. 사회적 문제를 개인적 문제로 치환하는 것은 한국 보수의 타고난 장기다.

청년 실업 문제는 학생이 취업 준비를 더 열심히 한다고 해서 해결될 개인적 문제가 아니다. 그것은 사회구조적 문제이기에 개인적 차원에서 해결될 수 없다.

이는 기업 수익금을 쌓아놓고도 고용을 확대하지 않고 오히려 비정규직을 늘려 임금 착취를 일삼는 기업에 고용 확대와 정규직 고용을 강제할 수 있는 정책을 만들고, 고용을 늘릴 수 있도록 경제구조를 개편하는 등 정책의 근본적 전환이 있어야만 해결될 수 있는 문제다. 본질적 문제는 제쳐두고 생색내기로 국민을 속이는 정부의 기만성이 대학 영역에서 재현된 것이 취업 중심 대학론의 본질이다.

청년들을 실업자로 내모는 경제구조를 만들어놓고 여기서 엄청난 이득을 취해온 가해자들이 오히려 그 피해자들에게 책임을 묻는 것은 너무 파렴치하지 않은가.

가다머에 따르면 근대 대학의 탄생은 중세 대학을 지배하던 "교리 해석과 직업 교육에서 학문 연구로의 이행"을 의미하며, 그 핵심은 "직업학교로서의 대학에 반대"하는 것이었다. 학문과 직업을 분리한 것, 대학과 직업학교를 분리한 것—그것이 근대에 이르러 학문과 과학이 비약적으로 발전할 수 있었던 토대였다.

그런데 오늘 21세기 한국에서, 대학을 다시 중세 시대로 되돌리려는 시대착오적 시도가 취업률 제고라는 거짓 허울을 쓰고 번져 가고 있다. 큰일이다.

(2015. 2. 8, 「우려스러운 황우여 장관의 교육관」)

대학은 기업의 하부 기관인가

　지금 한국 대학은 해방 이후 70년의 대학사에서 유례를 찾아볼 수 없는 위기에 봉착해 있다. '기업 프렌들리'를 내세운 이명박 정부가 취업을 잣대로 대학을 평가하기 시작하면서, 대학은 빠른 속도로 기업의 하부 기관으로 전락하고 있다.

　급기야 중앙대학교에서는 한국 대학의 기본 구조를 이루어온 학과제마저 폐지하겠다고 나섬으로써 이제 대학은 스스로 자신의 마지막 숨통을 끊는 극단적 자해를 저지르기에 이르렀다. 목하 한국 대학은 '취업학원'으로 전락하느냐, '최고 고등교육기관'으로 살아남느냐 하는 생사의 기로에 몰려 있다.

　대학을 취업학원으로 탈바꿈시키려는 움직임의 중심에는 황우여 교육부 장관이 있다. 황 장관은 '취업이 학문보다 우선하며, 취업을 중심으로 대학을 바꿔야 한다'는 기발한 신념을 피력하고 다니는 '취업 대학론'의 전도사다. 그는 지난달 '산업 중심 정원 조정 선도 대학'을 지정하여 3년간 7,500억 원을 지원하겠다는 야심찬 계획을 발표했다. 재정지원을 무기로 대학을 사실상 기업의 인력 생산기지로 바꾸겠다는 속내를 드러낸 것이다.

황 장관의 이런 신념은 확고한 것이지만, 느닷없는 것은 아니다. 이미 교육부는 지난해 1월 2023년까지 대학 입학정원을 대폭 줄이겠다는 '대학 구조개혁 추진 계획'을 발표했는데, 이에 따르면 대학을 평가하여 다섯 등급으로 나누고, 그에 상응하여 입학정원 수와 재정지원 규모를 결정하겠다는 것이다. 이 평가에서 취업률의 비중이 너무 높기 때문에, 교육부의 대학 평가에 목을 맬 수밖에 없는 대학은 취업 중심으로 대학을 재편하도록 강요받고 있다.

이런 맥락에서 보면 학과제 폐지를 골자로 한 중앙대의 충격적인 개편안은 교육부의 '취업 대학화' 전략에 선제적으로 부응한 것이다. 실제로 중앙대와 황 장관의 관계는 예사롭지 않다. 황 장관이 취임 이후 처음 방문한 대학이 중앙대였고, 중앙대의 개편안이 나오자마자 "시대 흐름에 맞는 실험적인 시도"라고 맞장구치며 반긴 것도 황 장관이었다. 이런 정황으로 미루어 '중앙대 사태'의 본질은 대학을 기업의 하부 기관으로 만들려는 황 장관이 한국에서 가장 기업화된 대학을 앞세워 자신의 뜻을 관철시키려한 시도라고 볼 수 있다.

황 장관이 이처럼 대학 정책에서 취업률을 전가의 보도처럼 휘두르는 데는 고도의 정치적 의도가 숨어 있는 것으로 보인다. 첫째는 정부의 정책 실패와 기업의 탐욕으로 야기된 청년실업 문제를 대학에 전가하려는 것이고, 둘째는 이참에 비판적인 인문학과 사회과학을 대학에서 고사시키려는 것이다.

국가적 관점에서 볼 때 취업 중심으로 대학이 재편되면 그 피해가 상상을 초월한다. 대학의 학문적 수준은 더욱 저하될 것이고, 사회는 비판적 성찰 능력을 상실한 결과 불평등과 불의가 더욱 자심해질 것이며, 지도적 인재와 사려 깊은 시민을 길러내야 할 대학의 사명은 망각될 것이다. 요컨대 학문과 교육은 실종될 것이고, 국가의 미래는 암울할 것이다.

그릇된 신념을 가진 장관이 휘두르는 칼날에 대한민국 대학이 죽어가고 있다. 이명박 전 대통령이 이 땅의 하천을 죽였다면, 황우여 장관은 이 나라의 대학을 황폐화시키고 있다. 청년실업은 전 세계적 현상이지만, 그걸 빌미로 학문을 죽이는 현대판 반달리즘이 자행되는 곳은 한국뿐이다.

한국 대학을 전대미문의 위기에 몰아넣고 있는 황우여 장관은 이쯤에서 장관직을 내려놓고, 본업인 정치로 복귀하기를 권고한다. 그것이 황 장관 개인에게나 나라의 장래를 위해서나 바람직한 선택일 것이다.

(2015. 3. 8. 「황우여 교육부 장관의 사임을 권고함」)

대학에서 벌어지는 '파우스트의 거래'

중앙대 총장을 지낸 박범훈 전 청와대 교육문화수석의 비리 의혹이 연일 눈덩이처럼 불어나고 있다. 박 전 수석이 교육부에 압력을 넣어 중앙대에 각종 특혜를 줬고, 중앙대를 인수한 두산그룹은 그 대가로 그에게 여러 가지 특혜를 돌려주었다는 것이 의혹의 핵심이다.

중앙대가 두산그룹 계열사에 대학 내 건물 공사를 몰아줘 두산이 학교에 출연한 기금보다 훨씬 많은 매출을 올렸으며, 이 과정에서 중앙대의 부채는 10배가량 늘었고, 이 빚을 갚는 데 학생들이 낸 등록금 중 일부가 사용됐다는 보도도 들려온다. 기업이 대학에 들어오면 학생들의 부담이 줄어들 것 같지만 실상은 그렇지 않다. 기업은 학교 운영비는 지원하지 않고 건축에만 지원을 집중하기 때문에, 건축비가 상승하면 그 부담은 온전히 학생들이 짊어지게 되는 구조인 것이다. 사립대학 총장들이 모인 서울총장포럼이란 곳에서 중앙대 총장이 기여입학제 허용, 등록금 상한제 폐지, 대학 적립금 사용 규제 철폐 등을 주장한 것도 이런 사정과 무관치 않다.

박범훈 비리 의혹 사건을 보면서 가장 먼저 떠오른 건 '파우스트의 거래'라는 말이다. 박 전 수석이 사적인 욕망 때문에 총장으로서 지켜야 할 최소한의 양심마저 팔아버렸다는 의미 때문만이 아니다.

하버드대학 총장을 지낸 데릭 복은 미국 대학의 기업화 현상을 '파우스트의 거래'에 비유하는데, 대학이 수익 창출이라는 욕망을 좇다가 결국 자신의 영혼을 팔아버린 신세가 되었다는 그의 지적이 바로 중앙대 사태에 딱 들어맞기 때문이다.

기업이 대학을 인수했을 때 벌어지는 가장 심각한 문제는 대학이 기업처럼 바뀌고, 그렇게 기업화된 대학은 영혼을 잃어버린다는 사실에 있다. 대학의 기업화는 대학의 이념을 변질시키고, 학문의 가치를 퇴색시키며, 수천 년 이어져온 학문공동체를 와해시킨다.

대학을 인수한 기업이 가장 먼저 벌이는 일은 대학의 민주적 의사 결정 구조를 파괴하는 것이다. 기업은 민주주의, 소통, 협력보다는 단기적 이익과 효율성을 중시하는 집단이기 때문에, 기업식 문화가 대학을 지배하는 순간 학문의 자유(헌법 22조), 대학의 자치(헌법 31조)라는 학문공동체의 영혼은 숨을 거둔다. 기업 총수가 이사장이 되어 '대학의 주인'을 자처하며 총장을 임명하고, 법률이 정한 '대학 경영'의 범위를 넘어 '대학 운영'에까지 영향력을 행사하는 전제적 지배구조는 '교수와 학생으로 이루어진 자유롭고 평등한 학문공동체'라는 대학의 이념을 전면 부정하는 것이다.

기업화된 대학은 또한 예외 없이 인문사회과학을 축소하거나 고사시키려는 시도를 꾀한다. 인간의 가치와 사회적 정의를 탐구하는 인문사회과학은 이윤 추구와 수익 창출을 최고의 가치로 삼는 기업의 입장에서는 거추장스럽고 불편한 상대일 뿐이다. 인문사회과학의 축소와 경영학의 확장은 대학 기업화의 진행 수준을 보여주는 시금석이다.

지금 이 땅에서는 기업과 대학 사이에서 일종의 "문화 전쟁"(데이비드 슐츠)이 벌어지고 있다. '기업적 문화'를 앞세운 대기업이 대학을 취업 학교로 만들려는 교육부와 손잡고 '민주적 문화'를 지키려는 대학을 압박하고 있다.

특히 기업화된 대학이 인문사회과학 분야를 압살하려는 것은 기업 이데올로기에 비판적인 세력을 대학에서 뿌리 뽑고, 시장 논리에 순종적인 노동자와 무개성적인 소비자를 안정적으로 확보하려는 의도와 관련이 깊다.

"시장 문화, 시장 윤리, 시장 정서가 공동체를 뒤흔들고, 시민사

회를 잠식하는 시대"(헨리 지루)에 인간적 가치와 사회적 정의를
지켜낼 최후의 보루인 대학이 '파우스트의 거래' 속에서 죽어가
고 있다. 우리 사회의 미래에 먹구름이 몰려오고 있다.

(2015. 4. 5, 「박범훈 사건과 '파우스트의 거래'」)

시간강사 문제, 교수들이 나설 때다

『나는 지방대학 시간강사다』의 저자인 김민섭 씨가 돌연 대학을 떠났다. "왜 우리를 모욕하고 학교가 비리의 온상인 것처럼 썼느냐"는 동료들의 비난이 마음의 상처가 된 모양이다. 시간강사의 현실이 "패스트푸드 알바보다도 못하고", "지식을 만드는 공간이 햄버거를 만드는 공간보다 사람을 위하지 못한다면, 참 슬픈 일"이라는 그의 말이 가슴을 후벼 판다.

얼마 전 몇몇 대학에서 열린 시간강사 문제에 관한 토론회에서도 비슷한 감정을 느꼈다. 2010년 제정된 '시간강사법'에도 불구하고 시간강사들의 처우와 신분은 조금도 개선되지 않았음을 알게 되었다. 토론회장에 앉아 있는 내내 얼굴이 화끈거려 견딜 수 없었다. 학문적 동료인 강사들의 고통에 '무뎌진' 나 자신이 한없이 부끄러웠다. 어느새 교수라는 기득권에 안주해 버린 자신의 모습이 문득 낯설었다.

근대 대학의 창시자인 훔볼트는 대학이란 "가장 이상적인 유토피아를 선취하는 소우주"라고 했지만, 이 땅의 대학이 보여주는 것은 끔찍한 디스토피아의 모습이다. 대학은 이 사회에서 가장 악랄한 노동착취 기구가 되었다. 시간강사는 교수의 10분의 1에 불과한 연봉을 받고 교육하고 있으며, 조교는 최저시급에도 못 미치는 돈을 받고 행정 업무에 내몰리고 있다. 대학만큼 임금 착취가 자심한 곳은 어디에도 없다.

지금까지 대학교수들은 대학의 이런 비참한 현실에 애써 눈감아 왔다. 특히 학문적 동료인 시간강사의 열악한 상황을 개선하는 데 별다른 노력을 기울이지 않았다. 물론 시간강사 문제는 구조적인 문제다. 허점투성이의 '시간강사법'과 교육부의 잘못된 정책, 수익만 좇는 대학 당국 등 한국 대학의 고질적인 병폐에 근본 원인이 있다.

그렇다고 그동안 교수들이 보여온 무관심과 침묵이 정당화될 수는 없다. 건강보험도 없이 최저생계비에도 못 미치는 강사료로 살아가는 동료를 곁에 두고 어떻게 교단에서 학생들에게 정의와 진리를 말할 수 있는가.

교수란 '앞에서(pro)' '말하는(fess)' 자이다. 앞에 나서서 진리와 정의의 이름으로 권력을 비판하는 것이 업인 사람이다. 이런 의미에서 교수란 직업은 인류 역사상 가장 위험한 직업이다. 그렇기에 교수에게만 '정년 보장(tenure)'이라는 특혜적 신분 보장이 주어진 것이다. 정년 보장은 '철밥통'이 아니라 '정의의 소리'를 지켜주기 위한 사회적 제도이다.

이제 교수들이 나서야 할 때다. 교수들의 침묵과 굴종이 대학을 오늘과 같은 흉측한 괴물로 만들었음을 인정해야 한다. 출발점은 학문공동체 안에서 무너진 정의를 다시 세우는 일이다. 학문적 동료의 고통에 공감해야 하고, 대학 내에서 벌어지는 일상적인 불의와 착취에 함께 연대해서 저항해야 한다. 필요하다면 희생도 감수해야 한다.

시간강사는 교수들의 과거이고, 제자들의 미래이다. 교수는 과거의 시간강사이고, 학생은 미래의 시간강사이다. 시간강사는 학문 세계의 통과역이다. 그 통과역이 지옥이라면 누가 학문 세계에 발을 들이겠는가.

학문 세계에 들어온 자가 처음 경험하는 것이 불의와 부조리라면, 처음 느끼는 것이 자괴감과 후회라면, 그 나라의 학문은 이미 죽은 것이다.

독일의 경우 학문공동체의 구성원은 교수, 학생, 강사/조교의 3자이다. 강사는 대학의 3주체의 일원으로서 당당하게 대학 운영에 참여하고, 합당한 처우를 누린다. 우리도 이제 대학 강의의 절반 이상을 담당하는 시간강사를 대학의 당연한 주체로 받아들이고, 그에 상응하는 처우를 해야 할 때가 되었다. 더 이상 학문의 세계에 들어가는 것이 인생의 낙오자가 되는 위태로운 길을 택하는 일이 되어서는 안 된다.

(2015. 12. 20)

청년이 움직이면 세상을 바꾼다

여당(당시 새누리당)이 압승하리라던 20대 총선이 야당(당시 더불어민주당)의 압승으로 끝났다. 이 놀라운 이변의 배후에는 20대 청년 세대가 있었다. 이들이 투표장으로 몰려가 정치 지형을 바꾸어놓았다. 박빙의 승부가 펼쳐진 많은 지역에서 야당이 승리할 수 있었던 것은 무려 13퍼센트나 치솟은 20대의 높은 투표율 덕이라 해도 과언이 아니다.

청년이 움직이면 정치를 바꾸고, 세상을 변화시킬 수 있다는 것을 청년들은 온몸으로 체험했다. 20대 총선이 우리 사회에 준 가장 큰 선물은 바로 이것이다. 청년들이 맛본 정치적 승리의 경험은 장기적으로 한국 민주주의의 체질을 강화할 것이다.

전통적으로 '정치적 무관심층'으로 불리던 20대가 대거 투표소로 달려간 이유는 자명하다. 그것은 최소한의 인간적인 삶마저 포기해야 하는 처참한 현실에 대한 분노의 표출이자, 삶의 벼랑에 몰린 자가 보내는 절박한 구조 요청이다.

20대의 '선거 반란'은 젊은 세대의 정치적 자각을 알리는 신호탄인가? 아직 희망적 전망을 내놓기엔 이르다. 청년 세대의 절망적 분노가 곧장 정치적 각성이나 조직적 행동으로 이어질 것 같지는 않다. 무엇보다도 청년 세대의 가장 중요한 정치적 공론장인 대학이 완전히 탈정치화되었기 때문이다.

해방 이후 한국 대학은 줄곧 민주화의 선봉장이었다. 4·19, 5·18, 6·10으로 이어지는 민주혁명의 구심점은 언제나 대학이었고, 암울한 군사 독재 시대에 유일한 정치적 공론장 구실을 한 것도 대학이었다. 이런 대학이 정작 1987년 민주화 시대가 열린 이후에는 급격히 탈정치화되었다. 민주시민을 길러내는 역할을 온전히 수행하지 못했고, 정치적 공론장으로서의 기능도 상실했다. 대학의 탈정치화야말로 민주화의 최대 역설이다. 독재가 민주주의자를 길러낸 반면, 민주화가 민주주의자 양성을 중단시킨 것이다. 민주화 시대에 대학에선 민주적 의식을 가지고 민주적 권리를 행사하며, 정치적 사안에 적극적으로 참여하는 민주주의자가 오히려 줄어들었다.

어떻게 이런 기이한 일이 생겨난 것일까. "파시즘이 남긴 최악의 유산은 파시즘과 투쟁한 사람의 내면에 파시즘을 남기고 사라진다는 것"이라는 독일 작가 베르톨트 브레히트의 말이 정곡을 찌른다. 과거 운동권이 보인 권위주의적 행태와 권력 지향적 처신이 대중들의 지탄을 받기 시작하면서 대학에서도 '정치', '지식인', '운동권'이라는 말이 졸지에 '욕'이나 '낙인'이 되어버렸다. 여기에 국제통화기금(IMF) 구제금융 이후 노골화된 신자유주의의 지배는 대학을 일개 기업으로 전락시켰다. 그 결과 대학은 정치의 무풍지대로 퇴락해 버린 것이다.

독일 대학에 갈 때마다, 대학식당에 뿌려진 수많은 전단지를 볼 때마다, 한국 대학의 현실이 겹쳐 보여 가슴 아팠다. 난민, 핵발전소, 기본소득, 최저임금, 극우주의, 유럽 통합, 전쟁, 테러 등 현안 문제들이나, 자본주의 종언, 에너지 전환, 생명 윤리 등 거시적인 이론적 문제들까지 실로 다양한 정치적 주제들을 놓고 학생들이 진지하게 토론을 벌였다. 취업 정보와 기업홍보 전단으로 도배질된 한국 대학의 모습이 떠올라 울적했다.

우리가 살고 있는 '헬조선'의 현실은 자연의 질서가 아니라 역사의 질서다. 우리가 만든 질서이기에 우리가 변화시킬 수 있다. 문제는 이 질서를 지배하는 자들의 거짓과 폭력과 야만과 파렴치에만 있는 것이 아니다. 우리의 무능과 무위와 무력과 무관심이 더 큰 문제인지도 모른다. 무릇 모든 해방은 자기해방이다. 청년을 고통에서 해방시켜 줄 자는 바로 청년 자신밖에 없다. 그리고 청년 세대는 자신을 해방시킬 힘을 가지고 있다. 그것을 이번 총선에서 확인하지 않았는가. (2016. 4. 17, 「20대 청년의 힘을 보여준 20대 총선」)

이제 '학계 블랙리스트'도 밝힐 차례다

충격적인 문화계 블랙리스트의 진상이 마침내 드러날 모양이다. 지난 2017년 6월 16일 문재인 대통령은 문화체육관광부 장관에게 임명장을 주는 자리에서 '블랙리스트에 대해 책임을 묻고, 문체부를 일신할 것'을 지시했고, 도종환 장관도 '진상규명위원회'를 꾸려 블랙리스트에 대해 철저히 파헤치겠다고 밝혔다.

문화계 블랙리스트의 전모를 규명하는 것은 박근혜-최순실 사태에서 드러난 어떤 사안보다도 중요하다. 그것은 개인의 비리 차원을 넘어 국가의 존재 이유를 묻는 문제이기 때문이다. 그것은 사상과 표현의 자유에 관한 문제이고, 사상과 표현의 자유는 모든 자유의 모태이자 민주공화국의 전제 조건이다.

이런 차원에서 보면 문화계 블랙리스트 못지않게 주목해야 하는 것이 학계 블랙리스트다. 사실 학계에는 문화계 블랙리스트 논란이 불거지기 훨씬 전부터 비판적 학자에 대한 블랙리스트가 존재한다는 의혹이 널리 퍼져 있었다.

돌아보면, 이명박-박근혜 정부 9년 동안 학계에 대한 정치적 탄압은 끊이질 않았다. 황지우 한예종 총장의 해임과 진중권 중앙대 교수의 재임용 탈락 등 비판적 지식인에 대한 수많은 탄압이 잇따랐고, 중앙대 독일연구소나 상지대-성공회대-한신대가 공동 설립한 민주정책연구원의 경우처럼 진보적 학자 중심의 연구단이 한국연구재단의 심사에서 1등을 하고도 탈락당하는 초유의 사태가 벌어졌으며, 지난해에는 학내에서 선출된 국립대 총장들이 정치적 성향 때문에 정부의 승인을 받지 못하는 일이 빈발했다.

이런 정치적 탄압의 배후에 블랙리스트가 존재한다는 것은 학계의 상식이다. 문화계 블랙리스트가 청와대에서 기획되고 문체부에서 실행되었듯이, 학계 블랙리스트도 청와대의 지시에 따라 교육부에서 실행되었다는 것이 중론이다. 2009년 한국연구재단 인문사회 5개 분야 단장들이 집단 사퇴하면서 발표한 성명서는 이러한 정황을 여실히 보여준다. "연구재단이 조폭처럼 느껴질 정도"로 비민주적으로 운영되었고, "심사, 선정 과정에서 정부 공무원들의 개입이 많았으며", "재단 운영의 핵심인 독립성, 공정성, 투명성이 이미 훼손된 상황"이기에, "이러한 부도덕한 재단이라면 사회적으로 지탄받아 마땅하다"는 비판이 재단 내부에서 터져 나온 것이다. 교육부 관료가 심사와 선정 과정에 개입하여 3등급 으로 분류된 블랙리스트에 따라 최종 선정에 관여했다는, 학계 에 파다하게 퍼진 소문이 사실이었음을 내부자들이 확인해 준 셈이다.

학계 블랙리스트의 가장 파괴적인 해악은 학자의 자기검열을 부추긴다는 것이다. 학자의 자기검열은 독재자의 사상 검열보다 더 무섭다. 독재정권의 물리적 검열은 대중의 분노라도 사지만, 학자의 심리적 검열은 무색무취한 독가스같이 부지불식간에 학 자의 의식을 마비시킨다. 문화계 블랙리스트가 예술가의 영혼을 좀먹는다면, 학계 블랙리스트는 학자의 정신을 썩어들게 한다. 이 런 의미에서 블랙리스트는 그 자체가 인간 정신에 대한 범죄다.

'헬조선'은 우연히 닥친 재난이 아니다. 그 저변엔 지식인의 침 묵과 굴종이 있고, 그 배후엔 블랙리스트가 있다. 지식인이 자기 검열의 늪에 빠져 불의한 권력에 저항하지 못하는 사회는 이미 지옥의 문턱에 들어선 사회다.

그렇기에 학계 적폐청산 1호는 블랙리스트 진상규명이 되어야 한다. 교육부 내에 블랙리스트 진상규명위원회를 설치하여 학문 탄압의 진상을 밝히고, 관련 청와대 인사와 교육부 관료에게 응 분의 책임을 물어야 하며, 부당한 탄압의 희생자들의 권리를 회 복시켜야 한다.

(2017. 6. 18)

한국의 교육자여 단결하라!

　최근 논란이 되고 있는 강사법(개정된 고등교육법) 사태는 한국 사회와 한국 교육이 안고 있는 문제를 근본적으로 되돌아보게 한다.

　강사법 사태를 보며 대한민국이 참으로 무책임한 국가임을 새삼 깨닫는다. 고등교육에 대해 이렇게 무심한 나라가 있을까. 대학 정책을 오로지 취업 정책으로 생각하고, 교육정책을 그저 입시정책으로 여기며, 학문 정책은 아예 존재하지 않는 이런 나라가 또 어디에 있을까.

　장기적인 (고등)교육정책의 부재로 인해 한국 대학은 세계에서 가장 기형적인 구조를 갖게 되었다. 무려 87퍼센트의 대학이 사립대학인 나라가 어디에 있는가. '사립대학의 왕국'이라는 미국조차 그 비율이 20퍼센트를 넘지 않고, 독일의 경우는 절대다수가 국립대학이다. 게다가 정부 지원 또한 대학 재정의 15퍼센트 정도에 지나지 않으며, 이마저도 국립대학에 집중되어 사립대 지원은 지극히 미미하다. 한국은 사실상 국가가 고등교육을 포기한 나라라 해도 과언이 아니다. 이번 강사법 사태의 근본 원인도 바로 여기에 있다. 법률 개정으로 발생할 비용에 대해 국가가 방관적 태도를 취함으로써 재정 부담은 대학에 전가되고, 대학은 다시 교수와 강사에게 부담을 떠맡기는 형국이다.

나아가 강사법 사태는 우리가 얼마나 비열한 사회에 살고 있는지 처연하게 보여준다. 여성 혐오 사이트, 장애인 학교 설립 논란, 예멘 난민 사태 등 최근 한국에서 벌어진 일련의 일들은 모두 여성, 장애인, 난민 등 사회적 약자를 공격하는 사건이다. 강자에게 맞서지 못하는 약자들이 자신보다 더 약한 자를 표적으로 삼는 일이 사회적 관행이 되었다. 강사법 논란의 본질은 모든 문제를 약자에게 전가하는 비열한 사회의 습속이 지식사회에서 재현됐다는 것이다.

강사법 사태는 또한 한국 대학이 "미래의 유토피아를 선취하는 소우주"(훔볼트)가 아니라, 사회의 온갖 병리가 집적된 디스토피아임을 폭로한다. 이번에도 대학은 어김없이 강사법 사태를 대학의 수익성을 높이는 기업형 구조조정의 기회로 철저히 악용하고 있다. 진리와 정의의 전당으로서 사회의 모범이 되기는커녕, 대학은 적폐의 온상임을 스스로 입증하고 있다.

강사법 문제를 어떻게 풀 것인가. 썩은 대학을 어떻게 개혁할 것인가. 무너진 교육을 어떻게 되살릴 것인가. 분명한 것은 정부는 대학/교육 문제를 풀 의지도 능력도 없다는 사실이다. 특히 시장자유주의자들이 점령하고 있는 청와대와 국회에 문제 해결을 기대하는 것은 연목구어다.

더 이상 무책임한 국가, 비열한 사회에 대학 정책, 교육정책을 내맡길 수 없다. 한국의 교육/대학 문제를 풀 유일한 방법은 교육자들이 직접 나서는 것이다.

독일도 그랬다. 교육자와 연구자가 하나의 거대한 조직, 즉 '교육학문노조(GEW)'에 모였기에 1970년대 초 교육개혁에 성공할 수 있었다. 우리도 전교조, 교수 노조, 강사 노조 등 교육 단위와 신분에 따른 개별 조직을 넘어 교육과 연구라는 공동의 활동과 목적을 토대로 거대한 교육자 조직을 건설할 때가 되었다. 교육을 근본적으로 개혁하기 위해서는 교육과 연구에 종사하는 모든 사람들, 초·중등학교, 대학교의 교사, 교수, 강사와 연구소의 연구원이 하나의 조직으로 뭉쳐야 한다. 이것이 죽어가는 학교, 대학, 학문을 살리는 최후의 방편이다.

이런 취지에서 '아래로부터의 교육혁명'을 이끌 '한국교육연구노조'의 건설을 모든 교육자, 연구자에게 제안한다. 한국의 교육자여 단결하라! 우리가 얻을 것은 참교육과 참학문이고, 우리가 잃을 것은 거대한 무력감과 패배주의뿐이다.

(2018. 12. 9)

대학의 보수화를 우려한다

대학이 수상하다. 해방 이후 줄곧 진보의 보루였던 대학이 보수의 아성으로 변해가고 있다. 논쟁적이고 혁명적인 담론을 풀어 놓던 교수는 깔끔하고 표준화된 논문의 생산자로 순치되었고, 사회 변혁의 아방가르드였던 학생은 '소확행(소소하고 확실한 행복)'을 꿈꾸는 착실한 모범생으로 변신했다. 아무도 이상사회를 몽상하지 않으며, 누구도 새로운 삶을 실험하지 않는다. 가히 네오비더마이어(Neo-Biedermeier, 정치적 반동에 대한 환멸과 함께 소시민적인 자족감이 뒷받침된 비정치적·퇴영적인 풍조를 뜻하는 '비더마이어(Biedermeier)'에, '새로운(Neo)'이라는 의미의 접두어를 붙인 말이다)의 시대가 도래한 것이다.

냉정하게 돌아보면 그리 놀랄 일도 아니다. 대학의 보수화는 이미 짧지 않은 역사를 갖고 있다. 역설적이게도, 한국 대학은 정치 민주화가 쟁취된 바로 그 순간부터 보수화되기 시작했다. 1987년 6·10항쟁으로 민주화 시대가 열린 이후 새로 등장한 직선 총장들이 '경영 총장'이었다는 사실은 의미심장하다. 군사 독재 시대의 '어용 정치 총장'이 물러난 자리를 '실용 경영 총장'이 차지한 것이다. 이는 '민주화'의 본질이 기실 군사 독재에서 자본 독재로의 이행에 불과함을 서늘하게 암시한다.

한국 민주주의의 견인차였던 대학이 보수화되는 현상은 경영 총장의 등장과 함께, 즉 대학의 기업화와 더불어 시작되었다. 이제 대학은 진리의 전당이 아니라 취업학원이 되었고, '자유롭고 평등한 학문공동체'가 아니라 생존 경쟁의 새로운 전쟁터로 바뀌었다. 대학 캠퍼스엔 현란한 상업 시설들이 들어섰고, 대학 게시판은 뜨거운 변혁의 대자보 대신 싸늘한 기업 홍보물로 도배되었다. 군사 독재 시절 유일한 정치적 공론장이었던 아크로폴리스는 자본 독재의 전시장으로 변신했다. 대학은 심각한 정치적 사건이 터져도 대자보 하나 붙지 않는 정치의 무풍지대, 이념의 불모지대로 변했고, 진리를 탐구하고 정의를 갈구하는 학생은 희귀종이 되었다.

헨리 지루는 대학 기업화가 어떻게 대학을 보수화했는지를 탁월하게 짚어낸다. 그에 따르면 1990년대 초 동구 사회주의가 붕괴하고 냉전 체제가 해체된 이후 "사회주의에 대한 승리의 이데올로기적 상속인"으로서 기업적 문화가 민주적 문화를 대체했고, 기업적 문화가 창궐하는 가운데 대학의 기업화가 가속화되었다. 요컨대 대학 기업화는 시장과 대학 사이에서 벌어지는 '문화 전쟁'의 과정에서 시장이 대학에 대해, 보수가 진보를 향해 가하는 이데올로기적 공세에 다름 아니라는 것이다.

대학 기업화에 의해 초래된 대학 보수화의 현실적 모습은 무엇보다도 인문학과 사회과학에 대한 대대적인 공세로 나타났다. 특히 한국에서 인문사회과학은 '취업이 학문에 우선한다'는 천박한 취업 대학론이 지배적인 담론이 되면서 직격탄을 맞았고, '민주개혁 정부'하에서조차 전체 연구개발 예산의 1.5퍼센트를 할당받는 등 거의 '학대' 수준의 대우를 받고 있다. 이렇게 '비판 학문'이 경시되면서 민주혁명의 성지였던 대학은 급격히 보수화하고 있다.

대학의 보수화에는 민주개혁 정부의 무지와 무소신도 한몫했다. 김대중, 노무현 정부는 대학 기업화의 정치적 함의를 통찰하지 못한 채 그에 동조함으로써 대학 보수화에 일조했다. 대학이 성숙한 민주시민을 양성하는 최고 교육기관이 되어야 하며, '민주주의학'으로서 인문학과 사회과학을 중시해야 한다는 인식보다는 "대학도 산업"(노무현)이라는 관점이 우위를 점했다. 이것이 지난 30년간 한국 대학이 아무런 저항 없이, 소리 소문도 없이 보수화의 길을 걸어올 수 있었던 내력이다.

문재인 정부도 그리 다르지 않다. 대학 정책, 학문 정책에 어떤 새로운 비전도, 구체적 계획도, 거시적 안목도 보이지 않는다. '취업 대학론'의 보수적 시야에서 벗어나 '민주 대학론'의 진보적 관점을 취하는 것이 최우선 과제다.

젊은 세대의 보수화는 대학 보수화의 반영이며, 대학 보수화는 대학 기업화의 결과이다. 문재인 정부는 더 이상 대학의 보수화에 눈감아서는 안 된다. 적극적인 대학 정책과 학문 정책을 통해 사회를 근본적으로 변화시키고 민주주의를 질적으로 성숙시킬 지적 토대를 다져야 한다. 대학/학문 정책을 오로지 경제적 관점에서 접근하는 근시안적 태도에서 벗어나야 한다.

최근(2017년) 출범한 국가교육회의에 상응하는 규모의 중장기 교육 발전 계획을 수립하는 대통령 직속 기구이자 교육부의 컨트롤타워 역할을 할 수 있는 '국가학문위원회'를 신설하여 획기적인 대학 개혁을 추진하고 장기적인 학문 정책을 마련해야 한다.

대학이 이상사회를 꿈꾸지 않고, 대학생이 소확행에 빠져드는 사회에 미래는 없다.

(2019. 4. 7)

대학 개혁은 사회개혁의 출발점이다

　문재인 정부는 재벌개혁, 검찰개혁 등 사회개혁에 강한 의지를
보이고 있지만, 대학 개혁에 대해서는 아직까지 구체적인 청사진
을 제시하지 않고 있다. 그것이 대학 개혁의 필요성을 인식하지
못하거나, 대학 개혁에 대한 의지가 없기 때문은 아니리라 믿고
싶다.

　오늘날 한국 대학은 사회의 모든 모순이 집적된 적폐의 하치
장이 되었다. 대학은 기회의 평등을 확대하기보다는 부와 신분의
세습을 정당화하는 통로로 변질되었고, 사회적 정의를 구현하기
보다는 기득권의 이해를 대변하는 기관으로 전락했으며, 진리보
다는 영리를 추구하는 조직으로 타락했다. 오죽하면 "한국 대학

은 민주주의의 적"(김종영)이라는 비판까지 나오겠는가.

이 지경이 된 대학을 방치한 채 사회개혁을 운위하는 것은 어불성설이다. 대학은 모름지기 최고 학문 기관으로서 국가의 정체성과 사회의 지향성을 규정하는 담론을 생산하는 기관이기에 '새로운 나라'를 만들라는 혁명적 시대정신에서 탄생한 문재인 정부는 대학 개혁을 사회개혁의 출발점으로 삼아야 마땅하다.

독일 현대사는 대학 개혁이 사회개혁의 토대이자 원동력이 될 수 있음을 생생하게 증언한다. 프로이센 군국주의와 나치즘의 비극적 역사에서 보듯이 유럽에서 민주주의와 시민사회 전통이 가장 빈약했던 독일이 오늘날 세계에서 가장 민주적인 정치제도와 복지 체계, 사회의식을 갖춘 나라가 된 것은 무엇보다도 대학 개혁의 성공에 힘입은 바 크다.

오늘날의 독일은 68혁명의 여파로 이루어진 대학 개혁의 산물이라고 해도 과언이 아니다. 대학 개혁의 결과 독일 대학은 완전히 새로운 기관으로 탈바꿈했고, 그 새로운 대학이 새로운 독일을 만들어냈다. 대학은 사회의 다양한 조직 중에서 가장 민주적인 조직으로 바뀌었고, 사회적 정의가 가장 잘 구현된 기관으로 변했으며, 부당한 권력을 비판하는 도덕적 권위의 중심이 되었다. 오늘의 독일은 이렇게 개혁된 대학에서 성장한 젊은 세대가 "제도 속으로의 행진"(루디 두치케)을 감행하여 만들어낸 신독일이다.

독일과 비교해 보면 우리의 현실은 실로 참담하다. 한국에서 대학은 미래의 유토피아를 선취하는 공간은커녕 가장 후진적이고 시대착오적인 사회 기구로 전락하고 말았다. 초등학교 반장도 선거로 뽑는 시대에 지성인을 자처하는 구성원들이 자신의 대표를 스스로 선택하지 못하는 비민주적인 조직이 한국 대학이고, 비정규직에 대한 차별과 착취가 가장 자심하게 자행되는 곳이 한국 대학이며, 자본과 국가 권력에 굴종하며 일체의 비판 정신과 변혁 의식을 거세당한 곳이 한국 대학이다. 대학이 이처럼 남루한 흉물로 퇴락한 결과 한국 사회는 비판의 정신도, 정의의 언어도, 변혁의 전망도 상실한 절망사회로 추락했다.

문재인 정부가 진정한 사회개혁을 바란다면 대학 개혁에 더 깊은 관심을 가져야 한다. 개혁의 장애물로 전락한 대학을 이제 개혁의 동반자로 변화시켜야 한다. 대학이 진보의 길잡이가 되지 못하고 퇴보의 앞잡이가 되어버린 사회에 미래는 없다.

(2017. 7. 16)

68혁명 50주년, 대학 민주화의 원년이 되길

한국 대학사의 최대 역설은 현대사의 역사적 고비마다 민주화의 선봉장이자 견인차였던 대학이 정작 자기 자신을 민주화하는 데는 실패했다는 사실이다. 30년 군사 독재 시대는 말할 것도 없고, 1987년 '민주화 이후'에도 대학은 민주화되지 못했다. 정치적 민주화의 흐름 속에서 민교협이 결성되고, 해직 교수가 복직되고, 총장직선제가 일부 시행되기는 했지만, 그것이 실질적인 대학 민주화로 이어지지는 못했다. 여전히 국립대학은 정부의 압력에서 자유롭지 못했고, 사립대학은 족벌 사학의 영향에서 벗어나지 못했다. 거기에 1990년대 중반부터 불어닥친 신자유주의 대학 개혁은 대학을 통째로 자본과 기업의 손아귀에 쥐어주었다.

기업화된 대학은 군사 독재하에서도 근근이 지켜낸 자신의 영혼마저 팔아넘겼다. 그렇게 대학은 우리 사회에서 가장 비민주적이고 후진적인 조직으로 전락했다.

대학 민주주의의 퇴행을 극적으로 보여주는 곳은 특히 재벌이 지배하는 사립대학이다. 중앙대의 경우는 재벌이 대학을 장악하면 대학 민주주의를 어디까지 파괴할 수 있는지를 생생하게 증언하는 사례이다. 2008년 이명박 정부의 등장과 함께 중앙대를 '인수'한 두산 법인의 첫 조치는 대학 민주주의를 정면 부정하는 것이었다. 총장직선제를 총장지명제로 전격 개악한 것이다. 박용성 이사장은 "손목을 자르겠다", "목을 쳐주겠다"는 등의 조야한 협박을 일삼으며 대학의 민주적 질서를 초토화했다. 학내 언론을 장악하여 조작과 검열을 자행하고, 교수들을 "강성 악질 노조"라고 비난하고, 댓글 부대를 조직하여 비판적인 교수와 학생을 공격했다.

이런 억압적 분위기 속에서 중앙대 법인은 지난 9년 동안 3천억 원 규모의 대학 건축 공사를 모두 수의계약으로 두산건설에 몰아주었고, 중앙대는 사립대학 중 전국에서 부채 규모가 두 번째로 큰 대학이 되었다.

2015년 박용성 이사장이 '대학판 조현아 사건'으로 물러난 뒤에도 두산의 독재적 지배 행태는 조금도 바뀌지 않았다. 2017년 12월 11일 교수들은 투표를 통해 77퍼센트가 총장을 불신임했고, 93퍼센트가 총장지명제에 반대했다. 그러나 바로 이틀 후 박용성 전 이사장의 동생인 박용현 이사장은 현 총장을 다시 임기 2년의 총장으로 지명해 버렸다. 이는 공적 기관인 대학을 사유물로 여기고, '아랫것'인 대학교수의 의사 따위는 안중에도 없는 오만한 재벌의 대학 갑질의 전형이요, 대학 민주주의에 대한 야만적 폭거이다.

문재인 정부가 진정 대학의 적폐를 청산할 의지를 가지고 있다면 이제 대학 민주화에 적극적으로 나서야 한다. '이게 나라냐'라는 시민의 절규에 따랐듯이, '이게 대학이냐'라는 대학인의 분노에 응답해야 한다. 특히 과거 민교협의 창설 멤버로서 대학 민주화와 민주시민 양성의 중요성을 누구보다도 잘 알고 있는 김상곤 교육부 장관은 대학 민주화를 최우선 목표로 삼아 모든 정책적 수단을 쏟아부어야 한다. 대학 민주화를 위해 싸우는 중앙대 교수들에게 수십 개 대학에서 연대와 지지 성명이 쇄도하는 이유를 깊이 헤아려야 한다.

2018년은 68혁명 50주년을 맞는 해이다. 68혁명은 대학에서 발화된 '대학 혁명'이었고, 이것이 문화혁명, 사회혁명으로 이어져 오늘의 유럽을 만들었다. 우리가 빛나는 민주혁명의 역사에도 불구하고 여전히 '헬조선'에 사는 것은 어쩌면 대학 혁명, 즉 대학의 혁명적 민주화가 없었기 때문인지도 모른다. 부디 2018년이 이 땅에서 진정한 대학 민주화가 시작되는 원년이 되길 소망한다.

(2017. 12. 31, 「2018, 대학 민주화의 원년이 되길」)

5장

차악들의
일그러진
정   치

대한민국 과두정치, 이제 끝내야 한다

　한스 디트리히 겐셔는 1974년부터 1992년까지 무려 18년 동안 독일의 외무장관을 지낸 전설적인 정치가다. 사민당 헬무트 슈미트 정부에서 8년, 기민당 헬무트 콜 정부에서 10년간 활약했다. 겐셔가 이렇게 유럽 최장수 외무장관일 수 있었던 것은 그가 대표였던 자민당이 연정에 참여했기 때문이다.

　돌아보면 1949년 서독이 세워진 이후 지금까지 65년 동안 최장기 집권당이 소수당인 자민당이었다는 사실은 참으로 놀랍다. 40퍼센트대의 득표율을 가진 거대정당인 기민당과 사민당 사이에서 5~10퍼센트의 득표율을 가진 자민당은 늘 캐스팅보트 구실을 했고, 이들과 번갈아 연합정부를 구성하며 무려 50년 가까이 집권했던 것이다.

더욱 놀라운 것은 자민당이 한국에 있었다면 집권은커녕 정당으로서 존재할 수도 없었으리라는 사실이다. 지난 65년 동안 자민당은 지역구에서 단 한 명의 의원도 당선시키지 못했다. 자민당 의원은 전원이 정당의 득표율에 따라 배분되는 정당명부 비례대표 의원이었다.

오늘날 한국 정치가 심각한 위기에 처해 있다는 사실에 동의하지 않는 사람은 없다. 그 위기의 본질은 무엇일까? 그것은 '대의 (representation)'의 위기다. 한국 정치는 국민의 의사를 대변하지 못하고, 오히려 왜곡하고 있다.

무엇보다도 잘못된 선거제도가 문제다. 지역구에서 다수 득표자 1인을 뽑는 단순 소선거구제는 민의를 왜곡하는 악명 높은 제도다. 생각해 보라. 국회의원 선거에서 평균 투표율을 60퍼센트, 당선 득표율을 40퍼센트로 가정해 보면, 전체 유권자 대비 당선자가 얻는 득표는 25퍼센트 정도에 불과하다. 당선자는 25퍼센트의 득표를 가지고 100퍼센트의 국민을 대의한다. 이처럼 한국 정치는 4분의 1 대의정치다. 나머지 4분의 3에 달하는 국민의 의사는 무시된다. 그러니 대의민주주의가 제대로 작동할 리 없다.

여기서 자라난 것이 현재의 과두정치 체제다. 한국의 거대 양당은 4분의 1 대의정치, 승자독식 정치, 민의 왜곡 정치의 최대 수혜자다. 이들에게 동의하지 않는 사람은 선거에서 자신의 정치적 의사가 반영될 가능성이 없기 때문에 기권하거나 최악의 정당을 저지하기 위한 '차악 투표'를 한다. 그 수혜는 또다시 거대 양당한테 돌아가고, 대의의 왜곡은 또 한 번 심화한다. 이런 악순환이 한국 정치 위기의 본질이다.

사실 한국 정치의 기본구도는 보수정당과 진보정당의 경쟁도, 우파와 좌파의 대결도 아니다. 그것은 보수언론과 기득권 세력이 마치 지금의 질서가 공정한 경쟁의 결과인 양 보이기 위해 꾸며낸 '거대한 기만'에 불과하다. 한국 정치의 본질은 여야로 불리는 두 기득권 세력이 결탁하여 권력을 분점하고 있는 과두정치다. 따라서 정권이 교체된다 해도, 사회의 구조적 변화는 이루어지지 않는다.

기울어진 운동장은 여당과 야당 사이에 있는 것이 아니라, 기존의 과두 지배 세력과 미래의 개혁 세력 사이에 있다. 야당은 한국 정치의 을이 아니라 영원한 갑이다. 여야의 차이는 권력을 6대 4로 분점한 갑인가, 4대 6으로 분점한 갑인가의 차이일 뿐이다.

단순 소선거구제가 낳은 과두정치의 폐해는 크다. 대의의 왜곡은 말할 것도 없고, 정치적 무관심과 무력감을 심화시키고, 시대가 요구하는 새로운 의제를 대변할 정치세력의 등장을 원천봉쇄한다. 따라서 현재의 과두정치 아래서 한국 사회의 근본적인 변화는 불가능하다.

과두정치를 끝내지 못하는 한 대한민국에 희망은 없다. 변화의 첫걸음은 선거제도 개혁이다. 국민의 의사를 온전히 대의할 수 있는 정당명부 비례대표제가 답이다.

(2014. 11. 16)

보수를 위한 변명

역사 교과서 국정화 논란을 보며 이 땅의 보수가 참 딱하다는 생각을 한다. 보수의 가치를 부정하는 자들이 '보수' 행세를 하며 보수의 얼굴에 먹칠을 하고 있기 때문이다. '진짜 보수'였던 김구 선생이 오늘의 현실을 보면 무슨 생각을 하실까? 역사를 왜곡하고, 민족을 경시하는 자들이 보수를 자처하고 있으니, 얼마나 어처구니없어하실까?

보수란 무엇보다도 역사의 진실을 존중하고, 민족의 가치를 중시하는 사람들이다. 그렇기에 역사를 은폐하고 왜곡하는 자는 보수가 아니다. 더군다나 친일, 독재의 과거를 미화하려는 자가 보수일 수는 없다. 민족 통일과 국민 화합을 위해 노력을 기울이기보다는 끊임없이 남북 대립과 이념 갈등을 부추기는 자가 보수일 수는 없다.

세계 어느 나라를 둘러보아도 역사의 진실을 두려워하고, 민족의 이념을 도외시하는 보수는 없다. '역사'와 '민족'은 보수의 핵심 가치이기 때문이다. 그렇기에 한국에서 '보수'라고 불리는 집단은 사실은 보수가 아니다. 그들의 정체는 '수구'다.

수구란 낡은 질서와 외세에 의존하여 기득권을 유지하려는 집단이다. 무능과 부패, 사대주의와 기회주의를 특징으로 하는 수구에게 역사의 진실이나 민족의 장래는 남의 일일 뿐이다. 한국 보수의 비극은 진짜 보수가 '암살'당한 자리를 수구가 꿰차고 앉아 보수를 참칭함으로써 진정한 보수의 가치가 실현된 적이 없다는 데 있다.

수구가 현대사를 지배해 온 결과 한국의 정치 지형은 연쇄적으로 왜곡되었다. 수구가 '보수'를 자처하고 나서자, 보수가 '진보'라고 불리게 되었고, 또 진보는 '급진'이라고 불려온 것이다.

세계적 기준에서 보면, 한국 정당들은 모두 한 발짝씩 더 왼쪽으로 명명된 좌칭(左稱) 정당들이다. '새정치민주연합(지금의 더불어민주당)'은 진보정당이 아니다. 역사와 민족 문제에 있어서나, 경제, 노동, 복지 정책에 있어서나 그들은 서구의 보수정당에 가깝다. '정의당'도 서구 정당과 비교하면 그다지 진보적이지 않다. 독일과 비교해 보면 한국 국회에서 가장 진보적인 '정의당'이 독일 연방의회에서 가장 보수적인 '기독교민주당'보다 보수적이다.

이처럼 한국의 정치 지형은 극도로 우편향되어 있다. 이런 우편향 정치 구도는 지난 70년간의 냉전 체제와 반공주의가 우리 사회에 남긴 가장 쓰라린 상처이고, 오늘날 우리 사회가 직면한 모든 문제의 근원이다.

수구 지배 질서가 왜곡시킨 것은 정치 지형만이 아니다. 그것은 또한 한국인의 의식을 심각하게 불구화시켰다. 우리 사회에 널리 퍼진 권위주의와 '내면의 파시즘', 폭력 문화와 졸부 문화, 기회주의와 한탕주의는 보수주의의 기본적 가치와 미덕마저 실종된 수구 사회의 비루한 현실을 증언한다.

진정한 보수는 통합을 지향하지만, 수구는 좌우 나누기를 좋아한다. 그들은 모든 정적을 '좌파'라고 부른다. "지금 대한민국 국사학자의 90퍼센트가 좌파"라는 집권당 대표의 발언은 수구의 관점에서 보면 결코 틀린 말이 아니다. 자기들보다 오른쪽엔 아무도 없으니까.

한국 사회가 오늘날 '헬조선'이 된 것은 무엇보다도 수구 지배의 결과이다. 진보는 말할 것도 없고, 최소한 '좋은 보수'가 지배했다면 우리 사회가 이렇게까지 망가지지는 않았을 것이다. 세계 최고 수준의 불평등과 양극화, 비민주적 경제구조, 부와 권력과 기회의 독점 현상, 심화되는 남북 갈등은 보수로 가장한 수구가 그려낸 이 땅의 지옥도이다.

헬조선에서 벗어나기 위해서는 우선 우편향된 정치 지형부터 바로잡아야 한다. 역사의 퇴물인 수구는 무덤에 묻고, 보수는 보수답게, 진보는 진보답게 제자리를 찾아야 한다.

(2015. 10. 25)

위험수위 넘어선 한국 정치의 우편향

임동원, 백낙청 한반도평화포럼 공동 이사장이 2016년 2월 19일 박근혜 정부의 대북정책과 관련한 야권 주요 인사들의 발언을 비판하는 성명을 발표했다. '평화·통일의 시대적 사명을 통감하지 못하는 야당의 각성을 촉구한다'는 제목의 성명에서 임동원 전 통일부 장관과 백낙청 서울대 명예교수는 김종인 더불어민주당 비상대책위원장의 '북한 궤멸' 발언, 개성공단 전면 중단 등 정부의 대북 강경책에 대해 "필연적"이며 "비난만 할 수는 없다"는 이수혁 더불어민주당 한반도경제통일위원장의 발언, 이상돈 국민의당 공동선대위원장의 "햇볕정책 실패" 발언 등을 문제 삼았다. 야당이 "정부의 왜곡과 허위"를 "수수방관"하는 수준을 넘어

"오히려 그를 합리화해 주는 발언으로 국민을 혼란에 빠뜨리고 있다"는 것이다.

평화·통일운동 진영을 대표하는 두 원로가 여당이 아닌 야당을 직접 비판하고 나선 것은 극히 이례적인 일이다. 그만큼 야당의 대북 인식 변화가 위험수위를 넘어섰다고 보는 것이다.

박근혜 정부의 강경 일변도 대북정책과 무능 외교가 한반도 평화를 위험에 빠뜨리고 있는 상황에서 야당이 이를 비판하기는커녕 오히려 비호하는 발언을 일삼는 것은 보통 심각한 문제가 아니다. 야당의 적극적인 견제가 없다면 극우 강경파의 전쟁불사론도 현실이 되지 말란 법이 없기 때문이다. 안보 수구 세력이 야당까지 장악해 가는 모습은 참으로 불길하다.

김종인, 이수혁, 이상돈 — 이들은 모두 야당이 '성공적인 영입'의 사례로 치켜세우는 인사들이다. 야당이 경쟁적으로 영입한 인사들이 예외 없이 평화·통일 문제에서 보수적인 인물이라는 사실은 예사롭게 보아 넘길 일이 아니다. 이들의 '불길한' 발언에 대해 야당에서조차 비판의 목소리가 들리지 않는다는 것이 더 불길하다. 야당의 '새로운 구세주들'이 구시대적 냉전주의자라는 사실은 한국 정치의 앞날과 한반도 평화통일의 미래를 어둡게 한다.

야당에 수혈된 '새 피'들의 낡은 인식이 점령군처럼 삽시에 야당을 접수하는 모습에서 야당의 허약한 체질과 빈곤한 철학을 새삼 확인한다. 한반도 위기의 본질은 북한의 허무맹랑한 일상적 위협에 있다기보다는 남한 내 평화통일 세력의 구조적 취약성에 있는지도 모른다.

한국 정치의 우경화 현상은 평화·통일 문제에 국한되지 않는다. 경제·사회 영역에서의 우편향은 더욱 심각하다. 세계적 기준에서 보면 한국 정치는 야당의 우경화가 아니더라도 이미 극단적으로 우편향되어 있다.

단적으로 독일과 한국 의회만 비교해 보아도 우편향의 심각성을 알 수 있다. 현재 독일 연방의회 의원 630명 중에서 자유시장경제를 지지하는 의원은 단 한 명도 없다. 반면 여의도에 있는 300명의 국회의원 중 295명이 — 최소한 당의 정강에 따르면 — 자유시장경제를 지지한다. 나머지 5명은 정의당 의원이다. 이런 형편이니 세계 최고 수준의 경제적 불평등도 그리 놀랄 일이 아니다.

그런데도 두 야당이 자랑스럽게 영입한 인사들은 대부분 신자유주의의 추종자들과 승자들이다. 승자독식 경제의 희생자들과 패배자들, 신자유주의 비판자들은 야당에서조차 찬밥 신세다.

야당에서마저 '안보 수구'와 '경제 보수'가 개혁의 선봉장으로 대접받고 '새 피'로 환영받는 전도된 정치 환경 속에서 세계에서 유례가 없는 우편향 정치구조가 더욱 우경화되어가고 있다. 안보 수구가 국가의 평화를 파괴하고, 경제 보수가 사회의 평화를 유린하는 현실 앞에서, 국가는 전쟁을 향해 돌진하고, 사회는 지옥을 향해 추락하는 위기 상황 속에서, 우리에게 주어진 유일한 탈출구는 평화와 평등의 진보적 가치를 다시 힘겹게 세워가는 길밖에 없다.

(2016. 2. 21)

독일 의회에서 퇴출당한 시장자유주의

2013년 제18대 독일 총선은 예상대로 앙겔라 메르켈 총리의 무난한 승리로 끝났다. 총선 후 독일 정국은 승패 원인 분석과 향후 연정 구성 협상으로 분주한데, 이런 가운데 이번 선거에서 나타난 중요한 역사적 변화가 충분히 주목받지 못한 채 잊혀간다. 그것은 신자유주의란 이름으로 맹위를 떨치던 시장자유주의가 독일 의회에서 완전히 퇴출당했다는 사실이다.

독일에서 자유시장경제를 표방하는 유일한 정당인 자유민주당 (자민당)이 국회 입성에 실패하여 1949년 건국 이래 처음으로 원외 정당이 되었다. 자민당의 몰락은 독일 정치의 지각변동을 예고하는 충격적 사건이다. 자민당은 연정 형태이긴 하지만 반세기

가까이 정부를 구성한 최장수 집권당이었고, 1998년 이전까지의 기간만 놓고 보면 49년 중 41년간 집권한 '만년 여당'이었다. 이런 자민당에 독일 국민이 처음으로 레드카드를 꺼내 들었다.

이제 독일 의회는 기민당-사민당-녹색당-좌파당의 4당 체제로 재편되어, 자유시장경제를 주장하는 정치세력이 더 이상 없다. 기민당은 재분배를 통해 사후적으로 시장의 부정적 결과를 조정하는 '사회적 시장경제'를 일찌감치 내세웠고, 사민당은 공공 영역의 확장을 통해 시장의 부작용을 선제적으로 최소화하는 '사회민주적 시장경제'를 지향한다. 녹색당과 좌파당은 처음부터 시장자유주의에 비판적이다. 기독교의 박애 정신에 기초해 시장의 이기적 탐욕을 순치하려는 기민당이나, 유럽 노동운동의 전통에 뿌리를 두고 시장의 폭력성을 제어하려는 사민당-좌파당이나, 생태계 보존의 견지에서 시장의 무정부주의적 자연 파괴를 저지하려는 녹색당은 모두 시장이란 '괴물'을 제어해야 한다는 문제의식을 공유한다.

이렇게 보면 자민당의 '퇴출'은 경제적 자유주의의 시효가 끝나감을 알리는 신호인지 모른다. 1980년대 신자유주의의 이름으로 세계경제를 지배하기 시작했고, 1990년대 초 동유럽 사회주의의 붕괴로 전성기를 누리던 시장자유주의가 이제 유럽의 중심에서부터 퇴장하고 있다. 유럽에서는 시장이 효율적이긴 하지만, 시시때때로 인간을 잡아먹는 야수로 변한다는 인식이 폭넓은 편이다. 이미 1982년 독일은 '팔꿈치 사회'를 올해의 단어로 선정해 '팔꿈치로 옆

사람을 내쳐야지만 생존이 보장되는 치열한 경쟁사회'의 도래에 대해 경종을 울린 바 있고, 2002년엔 권위 있는 시사주간지《슈피겔》이 '새로운 야수 자본주의. 탐욕과 광기로 나락을 향해 가다'란 제목의 표지로 경제적 자유주의의 위험을 통렬히 경고하기도 했다.

프랜시스 후쿠야마는 동구권의 몰락을 보며 시장자유주의의 승리를 단언한 바 있다. "경제적 정치적 자유주의의 거침없는 승리는 역사 그 자체의 종언을 의미한다"며, 이제 "인류의 이데올로기적 진화는 종착점에 이르렀고, 서구 자유민주주의가 그 최종적인 정부 형태로 보편화되었다"고 했다. 그러나 이번 자민당의 몰락은 그 '역사의 종언' 테제가 틀렸음을 방증한다.

9월에 나는 독일 총선을 아주 가까이서 들여다볼 기회가 있었다. 모든 정당의 집회에 직접 가보았다. 자민당에 대한 반감이 넓고 깊어 놀랐다. 선거 방송에서 자민당의 패배가 발표되자 모든 정당에서 환호성이 터져 나왔다. 10월 다시 찾은 독일 의회에서 나는 '문명사적' 사건의 목격자가 되는 행운을 얻었다. '역사의 승자'가, '이데올로기적 진화의 종결자'가 초라한 몰골로 퇴장하고 있었다. 자민당의 이삿짐은 생각보다 단출했다.

이제 독일 의회에서 시장자유주의는 사라졌다. 그런데 대한민국 의회엔 시장자유주의가 여전히 대세다. 유럽 순방 중에 박근혜 대통령은 한술 더 떠 공공 부문까지 시장에 개방하고 자유무역을 더 강력히 추진하겠단다. 걱정이 태산이다.

(2013. 11. 10)

언론 장악보다 무서운 우민화 책략

공영방송을 장악하여 입맛대로 주무르려는 박근혜 정부와 권력의 꼭두각시 노릇을 자청하는 하수인들에 대한 분노가 봇물처럼 터져 나오고 있다. 한국방송(KBS)에선 기자에 이어 피디들까지 사장 퇴진을 외치고 나섰고, 정부의 언론통제에 대한 학계, 언론계의 비판 성명이 잇따르고 있다.

공영방송을 장악하려는 정권의 시도는 알다시피 어제오늘의 일이 아니다. 이명박 정권 때 부활한 언론통제의 악습은 김인규(KBS)-김재철(MBC)-길환영(KBS) 등 '걸출한' 어용 사장의 계보를 통해 이어졌고, 그 결과 2014년 한국의 언론 자유 순위는 세계 68위로 곤두박질쳤다.

박근혜 정부의 시대착오적 언론통제는 마땅히 저지돼야 한다. 그러나 이는 공영방송 정상화의 필요조건일 뿐 충분조건은 아니라는 사실도 유념해야 한다. 문제는 길환영 사장의 퇴진을 넘어, 이명박 정부가 짓밟고 박근혜 정권이 숨통을 끊어놓은 공영방송의 공론장을 되살리는 것이다. 공영방송은 이제 이름에 걸맞은 공적 기능을 수행할 수 있도록 환골탈태해야 한다.

사실 정권의 방송 장악보다 더 심각한 문제는 보수 기득권 세력이 수면 아래에서 줄기차게 추진해 온 우민화 책략이다. 민영방송은 말할 것도 없고, 공영방송마저 국민을 바보로 만드는 일에 용의주도하게 동원되고 있다.

공영방송의 현실을 보라. 그곳은 개그맨, 연예인, 스포츠맨의 영토이지, 다른 나라, 예컨대 독일의 경우처럼, 예술가, 학자, 정치인의 영역이 아니다. 그곳은 연예인의 사생활 잡담, 개그맨의 객쩍은 수다, 막장 드라마의 악취, 휴먼 다큐의 값싼 감상주의, 건강에 대한 끝없는 협박, 맛있는 곳과 놀러 갈 곳에 대한 유혹으로 가득하지만, 어디에서도 우리 사회가 다다른 참담한 현실과 국가가 처한 냉엄한 상황에 대한 진지한 성찰과 고민은 찾아볼 수 없다. 그곳은 정치적인 것, 사회적인 것이 완전히 소거된 탈역사의 공간이다. 세계와 사회를 인식하고, 역사와 시대를 성찰하는 지성의 공간은 오늘날 한국 텔레비전에는 존재하지 않는다.

공영방송이 이처럼 사회적 비참은 철저히 외면한 채 거짓 행복의 가상을 매일매일 안방에 실어 나를 때, 그것이 대중들에게 미치는 영향은 정치적 사안에 대한 왜곡 보도보다 훨씬 더 치명적이다. 보도 조작은 단면적이고 주기적임에 반해, 우민화는 전면적이고 일상적이며, 왜곡 보도는 목적의식적으로 이루어짐에 반해, 우민화는 부지불식간에 무의식을 지배하기 때문이다.

공영방송이 수행하는 이런 전면적 우민화는 본능적으로 이성적 토론을 기피하는—"말 많으면 공산당"이라고 하지 않는가—한국 보수의 뿌리 깊은 지적 열등감과 반지성주의에 기인하는 것으로 보인다. 국민을 무지 상태에 묶어두어야 정치적으로 유리하다고 생각하는 묘한 패배주의가 보수의 의식을 지배하고 있다. 그래서인지 그들은 권력만 잡으면 빗장을 걸어 공론장을 폐쇄시킨다. 왜 그들은 열린 공론장을 두려워하는가? 왜 그들은 자유로운 공론장에서 갈등과 대립을 넘어 사회적 합의를 도출하려는 시도를 하지 않는가?

방송의 민주화를 쟁취하는 것도 중요하지만, 방송의 우민화를 저지하는 것은 더 중요하다. 정권의 방송 장악은 공정한 보도를 망치지만, 방송의 총체적 오락화는 대중의 의식을 잠재운다. 우리는 편안한 자세로 소파에 기댄 채 오락물의 부드러운 유혹에 굴복하여 날마다 탈정치화된다. 그리하여 사회적 비참은 도처에서 창궐하는데도, 사회변혁을 위한 물적·제도적 조건은 이미 갖춰졌음에도, 사회변혁의 실천은 부재한 부조리한 현실이 지속되는 것이다. '깨어 있는 시민의 조직된 힘'이 분출되지 못하는 것이다.

(2014. 5. 25, 「문제는 길환영이 아니다」)

민주주의의 덫이 된 공영방송

박근혜 정부가 공영방송에 대해 보도 통제를 시도하고, 인사에까지 개입한 사실이 폭로되어 커다란 충격을 주고 있다. 역사의 뒤편으로 사라진 줄 알았던 군사 독재 시대의 망령이 막후에서 여전히 출몰하고 있다는 사실에 아연할 따름이다.

이번 '신판 보도지침' 사태가 깨우쳐준 것은 공영방송이 아직도 정권의 통제 아래에 있고, 우리의 민주주의가 여전히 아슬아슬한 벼랑 위에 서 있다는 사실이다.

언론 자유는 민주주의의 조건이자 생명이다. 언론 자유 없이 민주주의는 없으며, 언론이 죽으면, 민주주의도 죽는다. 특히 현대의 대중 민주주의는 그 자체가 '언론 민주주의'다.

이런 의미에서 이번 보도 통제, 인사 개입 사건은 헌법이 규정한 '민주공화국'의 정신을 정면으로 부정하는 위헌적인 사건이다. 정상적인 민주국가라면 공영방송의 보도를 통제한 정치인은 구속되고, 공영방송의 인사에 개입한 대통령은 탄핵의 대상이 되었을 것이다.

그러나 거시적으로 보면 이러한 민주주의에 대한 외적 침해 보다 더 위험한 것은 민주주의에 대한 내적 잠식이다. 아도르노의 말처럼 "민주주의에 반대하는 파시즘보다 민주주의 속에서의 파시즘이 더 위험한" 것이다.

공영방송의 진정한 문제는 외부 권력의 비민주적 통제보다, 민주주의를 내적으로 갉아먹는 일상적인 행태에 있다. 비판적인 보도에 대한 은폐와 조작보다 더 위험한 것은 모든 정치적인 것, 모든 사회적인 것을 방송의 영상에서 소거해 버린 행태다. 이 탈정치의 공간에서 사회적 진실은 증발하고, 거짓 행복의 가상만이 넘쳐난다.

그 결과 '헬조선'의 처참한 현실은 공영방송의 화면에 아예 나타나지 않으며, 이런 현실을 타개할 사회적 논의가 공영방송에서 이루어지지 않는다. 정치, 사회적 현안이 떠오를 때마다 다각적이고 심층적인 보도가 뒤따르고, 책임 있는 정치인들이 방송에 출연해 쟁점을 놓고 치열한 논쟁을 벌이는 독일의 공영방송과는 너무도 대조적이다. 사회적 갈등이 첨예한 문제에 대해 박근혜, 박원순, 문재인, 안철수 등 주요 정치인들이 수시로 방송에 나와 토론을 벌이는 모습을 상상할 수 있는가.

1986년 독일 헌법재판소는 공영방송의 가장 중요한 책무는 민주주의를 강화하는 것이라고 판시했고, 이는 오늘날까지도 독일 공영방송의 기본 지침이 되고 있다. 한국 공영방송의 책무도 이와 다를 수 없다. 공영방송의 존재 이유는 무엇보다도 민주주의를 강화하는 데 있는 것이다. 이를 위해 공영방송은 비판적인 성찰 능력, 역사의식, 문화적 감수성을 지닌 민주시민을 길러내는 데 기여해야 하고, 사회적 현실과 역사적 진실에 대한 정확한 정보를 제공해야 한다.

그러나 한국의 공영방송은 정반대의 길을 가고 있다. 특히 한국방송(KBS)과 문화방송(MBC)은 국민을 어리석게 만드는 프로그램을 제작하고, 진실을 축소·왜곡하는 보도를 일삼고 있다.

우리는 미디어크라시(mediacracy)의 시대, 언론이 지배하는 시대에 살고 있다. "언론에 의한 정치의 식민화"(토마스 마이어)가 운위될 정도로 언론의 영향력이 강력한 시대다. 특히 한국처럼 민주주의가 끊임없이 위협받는 사회에서 공영방송의 책무는 실로 막중하다. 공영방송은 민주시민 양성, 광범위한 여론 형성, 권력 비판의 기능을 통해 '민주주의의 학교'가 되어야 한다.

불행히도 오늘날 한국의 공영방송은 민주주의의 학교는커녕, 오히려 민주주의의 덫이 되었다. 권력의 하수인으로 굴종하면서, 저질 프로그램으로 국민을 바보로 만들고, 시민을 권위주의 국가의 신민 정도로 깔보고 있다. 공영방송이 쳐놓은 이 우민화의 덫

에 걸려 한국 민주주의는 수구 세력의 먹잇감으로 전락했다. 그
결과가 오늘의 '헬조선'이다.

(2016. 7. 10)

한국의 방송은 민주주의의 적이다

머지않아 '문화방송'과 '한국방송'에 새 임원진이 들어서면, 이 명박근혜 정권의 야만적인 언론탄압 시대도 막을 내릴 것이다. 이제 마침내 '방송다운 방송'이 출현할 것인가. 기대가 큰 만큼 우려도 크다. 지금 한국의 방송은 공영, 민영방송을 불문하고 민주공화국의 방송다운 사회적 의식과 품격을 결여하고 있기 때문이다. 한국 방송의 근본 문제는 그동안 민주적으로 운영되지 않았다는 데 그치는 것이 아니라, 그 자체가 시나브로 민주주의의 적이 되어버렸다는 데 있다.

한국의 방송이 민주주의의 적이 된 이유는 자명하다. "민주주의는 성숙한 인간을 필요로 하고, 성숙한 인간의 사회로써만 실현될 수 있는 체제"(아도르노)인데, 한국의 방송은 성숙한 인간을 길러내기는커녕 국민의 미성숙 상태를 영속화하려는 조직으로 퇴화했기 때문이다. 무슨 긴 설명이 필요하랴. 리모컨을 들고 한번 돌려보라. 한국 방송을 보고 성숙한 인간으로 성장하는 것이 과연 가능하겠는가.

왜 이렇게 되었을까? 한국인이 성숙한 인간이 되고, 한국 사회가 성숙한 사회가 되고, 그럼으로써 한국 민주주의가 성숙한 민주주의가 되는 것을 두려워하는 세력이 여전히 이 사회를 지배하고 있기 때문이다. 그들이 국민을 '미성숙 상태'에 묶어두기 위해 즐겨 사용하는 전략은 주지하다시피 '우민화'와 '현혹'이다.

한국에서 방송이 존재하는 이유는 실로 우민화에 있는 것처럼 보인다. 공영방송조차 국민을 얕잡아보며 이처럼 저질 방송을 양산하는 선진국은 지구상 어디에도 없다. 한국의 방송은 더 이상 계몽의 매체가 아니라 몽매의 도구로 전락했다. 나아가 국민을 현혹하는 것이 한국 방송의 주된 기능이 되었다. 국민은 현실을 미화하는 화려한 불빛에 눈이 부셔 현실의 암울한 실상을 보지 못한다. 헬조선의 지옥은 한국 방송에 존재하지 않으며, '계급 없는 사회의 유토피아'는 미래의 공산 사회가 아니라 현재의 한국 방송에 존재한다. 한국의 방송은 진실의 매체가 아니라, 거짓의 공간이 된 지 오래다.

일본이 기술·과학적 선진성에도 불구하고, 정치·사회적 후진성을 면치 못하고 있는 가장 큰 이유는 바로 엔에이치케이(NHK)

에 있다는 지적은 결코 남의 얘기로 흘려들을 수 없다. 한국이 놀라운 경제성장과 정치 민주화에도 불구하고 성숙한 인간의 결사체로서 민주주의 사회로 나아가지 못하는 주된 요인도 바로 한국 방송의 후진성에 있음을 뼈저리게 자각해야 한다.

"공영방송의 가장 중요한 책무는 민주주의를 강화하는 것"이라는 1986년 독일 헌법재판소의 판결문이 오늘날까지도 독일 공영방송을 지배하는 정신이고, 독일 민주주의를 지켜낸 방패이다. 나는 민주주의의 수호자라는 강한 자의식과 자긍심을 가진 독일 방송인들을 볼 때마다 경외감을 느꼈다.

2000년대 초반 티브이 책 프로에 패널로 나가면서 젊은 피디들과 만날 기회가 잦았다. 당시 그들은 자신을 '민주주의의 소총수'라고 불렀다. 맞다. 방송인은 무엇보다도 민주주의의 최전선에서 싸우는 전사다. 이 땅의 허약한 민주주의가 다시는 '야만'의 시대로 퇴행하지 않도록, 방송인은 각별한 역사의식과 정치의식을 가져야 한다. 보도, 시사 프로 등을 통해 무너진 정치적 공론장을 복원해야 하고, 사회 구성원들이 '성숙한 인간'으로 성장할 수 있도록 방송의 질적 수준을 획기적으로 높이려는 노력을 경주해야 한다.

'민주주의를 강화하는' 방송, '성숙한 인간을 길러내는' 방송—이것이 방송 개혁의 방향이 되어야 한다. 어쩌면 지금이 마지막 기회다.

(2017. 12. 3)

대전환의 시대, 사회개혁의 조건

지금 우리는 매일 역사의 강을 건너고 있다. 70년간 지속돼 온 적대와 대립의 시대가 막을 내리고, 평화와 화해의 시대가 열리고 있다. 2018년 6월 12일 북-미 정상회담에서 새 시대가 동트는 것을 예감했다면, 6월 13일 지방선거에서는 구시대가 저무는 것을 목도했다. 분명 대전환의 시대이다. 해방 이후 한반도를 얼어붙게 한 강고한 냉전 체제가 허물어지면서, 평화 체제가 아스라이 모습을 드러내기 시작했다.

이번 지방선거는 바로 이러한 '대전환'의 증거이다. 그것이 보여주는 것은 단순한 정치 지형의 변화가 아니라, 거대한 패러다임의 전환이다. 지난 70년간 한국 사회를 지배해 온 구질서가 무너졌고, 구세력이 수명을 다했으며, 구시대가 끝났음을 뜻하는 것이다. 나아가 이번 선거 결과는 냉전 해체라는 한반도를 둘러싼 역사적 대전환이 몰고 온 후폭풍이요, 수구 붕괴라는 남한 사회를 강타한 거대한 지각변동이 남긴 여진이다.

국내 언론은 정치적 성향과 무관하게 한목소리로 이번 선거에 대해 '보수의 참패, 진보의 압승'이라고 보도했다. 잘못된 평가다. 이번 선거의 본질은 수구(자유한국당)에 대한 보수(더불어민주당)의 승리, 좀 점잖게 평하더라도, 수구 보수에 대한 합리적 보수의 승리일 뿐이다. 도대체 세계 어느 나라에 이렇게 반지성적이고, 반민족적이며, 반민주적이고, 반사회적인 '보수'가 존재하며, 대체 어디서 '진보'가 승리했단 말인가? 정치 언어의 무능이 도를 넘었다. 이번 선거가 확인해 준 것은 보수의 몰락이 아니라, 냉전에 기생해 온 수구의 역사적 수명이 다했다는 사실이다.

수구를 키워온 것이 냉전이라면, 수구를 지켜준 것은 불합리한 선거제도다. 수구는 1등 하나만을 뽑는 단순 소선거구제라는 승자독식 선거제도에 기대어 보수와 손잡고 기득권을 지켜왔다. 요컨대 수구-보수 과두 지배는 단순 소선거구제가 잉태한 괴물이다. 현행 선거제도가 지속되는 한 수구는 언제든 다시 지역감정을 선동하며 컴백할 수 있다.

선거제도 개혁은 절실한 만큼이나 어려운 과제이다. 개혁의 주체가 자기희생을 각오해야 하기 때문이다. 여야를 막론하고 현재의 정치 질서에서 이득을 보는 '기득권 정치 계급' 전체가 뭉쳐서

개혁에 저항할 가능성이 높다.

문재인 정부가 국가와 사회를 근본적으로 개혁하고자 한다면, 먼저 선거법 개정에 나서야 한다. 선거법 개정을 통해서만 시대착오적인 수구 집단의 확산을 저지하고, 대의민주주의를 실천적으로 구현하며, 새로운 사회적 의제를 대변하는 정치세력에게 길을 열어줄 수 있다.

문재인 정부는 양자택일의 기로에 서 있다. 현행 선거제도를 유지하여 수구-보수 과두 지배 질서의 일부로서 편안하게 기득권에 안주할 것인지, 독일식 정당명부 비례대표제와 같은 합리적인 대의 방식으로 선거제도를 개혁하여 새로운 정치 지형을 창출할 것인지 양단간에 선택해야 한다. 이것은 한국 정치의 패러다임을 바꾸고, 한국 민주주의의 미래를 좌우할 역사적 결단이다.

한국 사회에서 정권이 교체되어도 사회경제적 문제들이 좀처럼 해결되지 않는 것은 정치인의 '의지'의 문제가 아니라, 정치 '구도'의 문제다. 냉전 체제와 수구-보수 과두 지배에 의해 극단적으로 우경화된 정치 구도가 문제인 것이다. 문재인 정부와 여당은 '좋은 보수'로서 오른쪽으로는 수구의 생존 공간을 좁히고, 왼쪽으로는 진보의 활동공간을 열어주어, 평화 시대에 걸맞은 정의로운 정치 구도를 창출해야 한다. 그것이 문재인 정부의 역사적 책무이며, 선거법 개정은 그 실천의 첫걸음이다.

(2018. 6. 17)

한국 사회의 최대 적폐는 선거법이다

나는 평생 소신투표를 해본 적이 거의 없다. 늘 최악을 막기 위해 차악을 선택했다. 1등만을 뽑는 단순 소선거구제에서 내 표가 사표가 되는 것을 원치 않았기 때문이다. 그 결과 몇 차례 최악을 막는 데 성공했지만, 차악으로는 사회의 근본적인 변화가 불가능하다는 것도 깨달았다. 이제 '차악 투표' 시대는 끝나야 한다. 국민에게 신념에 따라 최선의 선택을 할 수 있는 권리를 돌려주어야 한다.

주지하다시피, 현행 선거제도는 거대정당에 절대 유리한 승자독식 제도다. 이 선거제도는 과도한 사표로 민의를 왜곡하고, 수구-보수 과두 지배체제를 정착시켰다. 현재의 여당, 즉 '민주당'

계열의 정당은 수구 야당보다는 '진보적'이지만, 국제적 기준에서 보면 상당히 '보수적'인 정당이다. 그들은 '군사 독재'에 맞서 싸웠지만, 과도한 시장주의와 민영화로 '자본 독재'를 키웠다. 그 결과 한국은 경제적 불평등이 세계에서 가장 심각한 나라가 되었다. 군사 독재의 후계 정당과 자본 독재의 후견 정당이 승자독식 선거제도를 통해 영원히 과두 지배하는 정치 구도가 오늘날 '한국의 비극'을 낳은 근본 원인이다.

이런 의미에서 현행 선거법은 적폐 중의 적폐다. 이것은 적폐 청산을 불가능하게 하는 근원적인 적폐이며, 변화와 개혁을 가로막는 핵심적인 적폐다. 선거법은 정치 지형을 수구와 보수의 독무대로 만들고, 새 정치세력의 등장을 원천봉쇄하며, 젊은 세대의 발랄한 정치적 상상력을 말살한다. 선거법 개정이 없는 한 기득권 양대 정당의 과두 지배체제를 극복할 수 없고, 근본적인 사회변혁을 기대할 수 없다.

선거법이 최악의 적폐라는 사실을 누구보다 깊이 인식한 이는 노무현 전 대통령이다. "지금도 여전히 국회의원 선거구제를 바꾸는 것이 권력을 한 번 잡는 것보다 훨씬 큰 정치 발전을 가져온다고 믿는" 그의 신념은 이런 문제의식에서 나온 것이다.

국회의원 수를 늘리는 문제가 선거법 개정의 최대 난제로 떠올랐다. 의원 수를 늘리는 데 회의적인 '국민 여론'을 앞세워 선거법 개정에 반대하는 것은 비겁하다. 국민 여론이 국제적 기준과 너무도 동떨어져 있기 때문이다. 국회의원 1인이 '대의'하는 국민 수는 스웨덴이 3만 명, 영국이 5만 명인 데 비해 한국은 무려 17만 명이다. 다시 말해 스웨덴에 비해 다섯 배, 영국에 비해 세 배의 국회의원이 모자란다. (인구 대비) 세계에서 가장 많은 수의 국회의원, 검소하고 특권의식이 없는 국회의원이 스웨덴 민주주의를 세계 최고의 민주주의로 발전시킨 요인임은 이미 널리 알려진 바다. 국회의원이 많을수록, 그들의 특권이 적을수록 민주주의는 더 성숙한다.

우리는 그 반대다. 국회의원 수는 너무 적고, 이들의 특권은 너무 많다. 국제적 표준에 접근하려면 국회의원 수를 두 배 정도는 늘려야 한다. 이런 맥락에서 국회의원 수를 500명(지역구 250, 비례 250) 정도로 늘리고, 그들의 특권을 절반으로 줄이는 것이 정답이다. 유능하고 검소한 국회의원이 공짜로 두 배 는다는데 어느 국민이 반대하겠는가.

선거법 개정의 열쇠는 더불어민주당이 쥐고 있다. 한국 사회를 근본적으로 변혁할 천재일우의 역사적 기회가 민주당의 손아귀에 놓여 있다. 민주당은 역사를 두려워해야 한다. 촛불 시민들과 함께 성숙한 민주주의의 시대를 열어갈 것인지, 수구 세력과 손잡고 알량한 기득권을 지켜갈 것인지 역사가 지켜볼 것이다. 선거법 개정은 한국 사회가 성숙한 민주사회로 도약할지, 야만적인 과두 지배의 정글로 전락할지를 판가름할 정치적 분수령이다.

(2019. 1. 6)

민주당의 정체는 무엇인가

흔히 '나치당'이라고 알려진 히틀러 당의 정식 명칭은 '국가사회주의노동자당'이었다. 나치당이 권력을 장악하고 한 첫 행위는 사회주의자와 노동자에 대한 대대적인 검거와 탄압이었다. 한국 역사상 민주주의와 정의를 가장 철저하게 짓밟은 무리들이 만든 정당의 이름은 '민주정의당'이었다.

정치 언어란 이렇게 기만적인 것이다. 그렇다고 더불어민주당마저 그럴 줄은 몰랐다. 임미리 교수가 《경향신문》에 〈민주당만 빼고〉라는 제목의 칼럼을 썼다는 이유로 민주당이 임미리 교수와 《경향신문》 편집인을 고발했다. 이 사건이 충격적인 것은 민주당이 자신의 역사와 정체성의 핵심인 '민주주의'를 부정하고 나선 데 있다. 표현의 자유는 민주주의의 고갱이가 아닌가.

민주당은 어떤 가치를 추구하고 어떤 세상을 꿈꾸는 정당인가? 선거법 개정 과정에서 보여준 기회주의와 '철학의 빈곤', '조국 사태'에서 드러난 이중 잣대와 특권의식, 임미리 교수 사건에서 표출된 오만과 반민주성…… 최근 벌어진 일련의 일들을 보며 '민주당의 정체'가 문득 궁금하다.

민주당은 흔히 말하듯 민주개혁 정당인가? 민주당은 민간 독재와 군사 독재 시대에 민주주의를 위해 싸운 '민주정당'임은 분명하나, 정권을 잡은 뒤 한국 사회를 질적으로 개혁했다고 말하기는 어렵다. 절반만 진실이다.

민주당은 진보정당인가? 흔히 민주당(계열 정당)은 진보정당, 자유한국당(계열 정당)은 보수정당이라고 하지만 이것은 완전 거짓말이다. 《조선일보》 프레임이다. 국제적 기준에서 보면 민주당은 보수정당, 한국당은 수구정당에 가깝다. 민주당의 보수성은 일일이 그 사례를 들 것도 없다. 민주당의 노동정책, 재벌정책, 복지정책을 상기해 보라.

민주당은 좌파 정당인가? 그럴 수도 있고, 아닐 수도 있다. 황교안이 보기엔 좌파 정당이고, 심상정이 보기엔 우파 정당이다. 독일의 보수당 총리 앙겔라 메르켈의 시각에서 본다면 민주당은 보수적인 우파 정당이다.

정리하면, 민주당은 민주주의의 역사를 계승해 온 보수정당이고, 한국당은 독재의 전통에 뿌리를 둔 수구정당이다. 대한민국은 '보수와 진보가 경쟁'하는 정상적인 정치 구도를 가진 나라가 아닌 것이다. 보수를 참칭하는 수구와 진보를 가장하는 보수가 '승자독식 선거제도'를 매개로 권력을 분점해 온 '수구-보수 과두 지배체제'다. 이것이 해방 이후 지난 70여 년간 대한민국을 세계에서 가장 우경화된 정치 지형을 가진 나라로 만든 것이다.

여기서 주목해야 할 것은 두 과두 지배 세력, 즉 보수와 수구 사이에는 정책상의 차이가 거의 없다는 사실이다. 지금 민주당과 한국당의 정책을 비교해 보라. 경제정책, 재벌정책, 노동정책, 사회정책, 복지정책, 외교정책, 교육정책 등 과연 어디에 두 정당의 근본적인 차이가 존재하는가. 이들의 차이란 정말이지 '아주 작은 차이'에 불과하다.

두 거대정당은 차이가 거의 없기에 역설적으로 더욱 극적인 대립을 과장한다. 이들의 극한 대립은 한 편의 연극이다. 보라, 이들은 거칠고 과격한 모습으로 '조국 전쟁'을 벌이지만, 정작 중요한 싸움은 하지 않는다. 재벌개혁을 어떻게 할 것인가, 노동자를 '기업 살인'으로부터 어떻게 보호할 것인가, 세계 최고 수준의 불평등을 어떻게 해소할 것인가, 세계 최고의 자살률을 어떻게 잡을 것인가, 어떻게 정의로운 과세를 실현할 것인가, 어떻게 비정규직 문제를 해결할 것인가, 어떻게 아이들을 이 살인적인 경쟁에서 해방할 것인가, 어떻게 이 학벌계급사회를 혁파할 것인가. 모든 국민을 고통스럽게 하는 이런 중요하고 시급한 문제들을 두고 이들은 결코 싸우지 않는다. 지금의 현실에 두 정파 모두 만족하기 때문이다. 현 질서의 확고한 기득권이기 때문이다.

수구와 보수가 결탁한 이 강고한 '기득권 정치 계급'을 타파하지 않는 한 '헬조선'은 결코 극복될 수 없다. 두 차례의 정권 교체가 우리에게 가르쳐준 교훈은 정권이 바뀌어도 정치 지형이 바뀌지 않는 한 한국 사회의 질적 변화는 불가능하다는 사실이다.

이제 정치 지형을 바꿔야 한다. 수구-보수 과두 지배체제를 진정한 의미의 보수-진보 경쟁 체제로 전환해야 한다. 냉전에 기생해 온 낡은 수구는 정치의 무대에서 사라지고, 새로운 생태적·사회적 상상력으로 무장한 젊은 진보가 무대에 올라야 한다. 민주당의 시대적 사명은 좋은 보수를 자임함으로써 가짜 보수를 퇴장시키고, 자신의 왼쪽에 진짜 진보의 공간을 열어주는 것이다.

(2020. 2. 16)

촛불 정신과 민주당의 자기부정

대통령 임기 중간에 치르는 선거는 어차피 정권 심판 선거일 수밖에 없다. 집권 세력인 더불어민주당과 문재인 정부를 어떻게 평가해야 하는가. 문재인 정부는 촛불 혁명을 통해 탄생한 정권이고, 촛불 혁명의 계승자를 자임하는 정부다. 그렇다면 정부와 여당에 대한 평가는 촛불 혁명의 정신을 얼마나 구현했는가에 따라 판가름 날 수밖에 없다.

촛불 정신이란 무엇인가. 국민은 그 추운 겨울, 무엇을 위해 주말마다 광화문광장을 촛불로 물들였던가. "이게 나라냐." 이것이 광장의 외침이었다. '나라다운 나라'를 세우라는 것이 촛불의 지상명령이었다. 촛불 정신은 곧 이 나라를 비정상적인 기형 국가로 만든 '친일-독재 기득권 세력', 즉 수구 세력을 청산하라는 역사의 명령이요, 새로운 사회를 위한 근본적 개혁을 감행하라는 시대의 요구였다. 요컨대 수구 종식과 사회개혁이 촛불 정신의 중핵이었던 것이다.

문재인 정부는 과연 지난 3년 촛불 정부라는 이름에 걸맞은 성과를 이루었는가. 두 가지 점에서 긍정적으로 답하기 어렵다.

첫째, 민주당 정부는 수구를 종식시키는 데 실패했다. 오히려 역사적 시효가 끝나 자연 소멸하던 수구를 부활시켰다. '박근혜 편지'는 수구의 부활을 알리는 신호탄이다.

촛불 혁명은 박근혜의 국정 농단에 의해 촉발됐지만, 촛불의 명령은 그것을 바로잡는 것 이상이었다. 그것은 그러한 농단을 가능하게 한 심층구조, 즉 20세기 한국 현대사를 규정하는 왜곡된 구조를 변혁하라는 것이었다. 박근혜 탄핵의 역사적 의미는 외세 지배와 군사 독재 시대에 기득권을 누려온 친일-독재 세력에 대한 탄핵이라는 데 있다. 대한민국 역사상 최초로 탄핵당한 대통령이 친일-독재 전통의 계승자라는 사실은 결코 우연이 아니다.

대통령 탄핵과 함께 이 땅의 수구 세력도 해방 이후 70년 만에 자연 수명이 다한 것으로 보였다. 그런데 바로 이 죽어가던 수구가 되살아났다. 수구의 부활은 민주당 정부의 실책과 무능에 힘입은 바 크다. 소멸해 가는 수구를 정치 무대에서 영구 퇴장시키지 못하고, 다시 '컴백'시킨 것이야말로 민주당의 가장 큰 역사적 과오다.

둘째, 민주당 정부는 우리 사회를 제대로 개혁하지 못했다. 정치개혁, 교육개혁, 노동개혁, 재벌개혁, 복지개혁, 헌법개정 중 무엇 하나 번듯하게 해낸 것이 없다. 권력기관 개편에 일정한 성과를 거둔 것이 전부다. 개혁은 변변히 이루지 못한 반면, 개혁 세력의 분열은 심화시켰다. 조국 사태와 비례 위성정당 논란으로 민주개혁 세력은 전례 없는 분열을 겪으며 서로 적대시하고 있다.

이처럼 민주당은 '촛불 혁명의 계승 정당'으로서 시대적 사명을 다하지 못했다. 그것은 지난 수십 년간 독재의 폭압 정치와 그 하수인들의 꼼수 정치에 맞서 이 땅의 민주주의를 올곧게 지켜온 민주개혁 세력에게 커다란 실망과 비애를 안겨주었다. 권력과 돈과 명예보다 양심과 도덕과 명분을 중시하며 살아온 평범한 86세대는 최근의 엽기적인 사태들을 보며 자신의 젊은 시절이 통째로 부정당하는 듯한 정체성의 위기를 절감한다. 양지에서 기득권을 누려온 86세대 정치 엘리트들은 이들의 쓰라림을 헤아릴 수 없다.

한때 정의를 외쳤던 자들의 정치적 실패와 도덕적 일탈은 더 거센 후폭풍을 불러오는 법이다. 단기적으로는 그것이 초래할 선거 패배가 무섭고, 장기적으로는 그것이 몰고 올 냉소주의와 정치 혐오, 거대한 무력감이 두렵다.

민주당의 최근 모습은 참으로 실망스럽다. 그것은 '나라다운 나라'를 만들라는 촛불 정신을 배반하는 것이다. 수구의 꼼수에

꼼수로 맞서는 것, 정책 비전이 아니라 '공포 마케팅'으로 승부하는 것은 촛불 정당의 모습이 아니다.

민주당의 거듭된 실책으로 질 수 없는 선거가 질 수 있는 선거가 되었다. 수구 세력은 통합하고, 개혁 세력은 분열하고, 지지 세력은 실망하고 있다. 위기다. 수구의 승리를 저지하려면, 지금이라도 촛불 정신을 되살려야 한다. 민주개혁 세력의 무기는 어디까지나 도덕성과 개혁성이지 꼼수와 기회주의가 아니다. 이런 의미에서 민주당이 비례 정당을 만든 것은 자기부정이자 소탐대실이다.

민주당의 꼼수는 당의 역사에 대한 자기부정이기도 하다. 김대중, 노무현, 문재인의 승리는 꼼수에 대한 정수의 승리였고, 불의에 대한 정의의 승리였다. '원칙 없는 승리보다 원칙 있는 패배'를 통해 역사를 바꾼 '바보 노무현'에게서 배우는 바가 있어야 한다.

(2020. 3. 15)

4·15 총선의 역사적 의미

며칠 후면 총선이다. 그런데도 좀처럼 선거 분위기가 느껴지지 않는다. 근래에 이렇게 조용한 선거가 있었던가 싶다. 코로나19가 몰고 온 불안과 자제의 분위기 탓도 있겠지만, 정치적 쟁점도, 유세의 열기도 없는 참으로 이상한 선거다.

사실 4·15 총선은 역사적으로 매우 중요한 선거다. 1919년 대한민국 임시정부가 수립된 이후 한 세기를 보내고, 이제 새로운 100년을 여는 첫 선거이기 때문이다. 이번 선거는 지난 100년의 정치와는 다른 새로운 정치를 다짐하는 전환점이 되어야 한다는 점에서 그 역사적 의미가 자못 각별하다고 할 수 있다.

첫째, 4·15 총선은 대한민국의 신세기를 여는 선거인 만큼 지난 100년의 청산되지 않은 역사를 청산하는 선거가 되어야 한다.

식민 시대, 냉전 시대, 독재 시대에 권력에 기생하여 이 나라를 지배해 온 정당과 정파는 이제 정치의 무대에서 물러날 때가 되었다. 그들은 제대로 된 반성 한 번 없이 너무도 오래 살아남았다. 지금도 친일과 독재의 후예들이 여전히 활개 치며 도처에서 악취를 풍기고 있다. 이제 국민이 나서서 표로 이들을 영구 퇴장시킬 때가 되었다. 유권자들은 어떤 정당, 어떤 인물이 '청산되지 않은 과거'의 악취를 풍기고 있는지 예민하게 감지하고, 엄정하게 단죄해야 한다.

둘째, 이번 선거는 대한민국의 새로운 100년을 위한 비전을 제시하는 정당에 길을 열어주는 선거가 되어야 한다.

새로운 대한민국이 지향해야 할 국가의 모습은 민주주의와 경제성장을 이룬 바탕 위에서 인간 존엄을 구현하는 성숙한 민주공화국이다. 구성원 모두가 존엄한 존재로서 인간다운 삶을 영위할 수 있는 복지국가, 미래 생명과 환경에 대한 책임 의식을 가진 생태 국가가 우리가 추구해야 할 목표이다. 이번 총선은 이러한 사회적·생태적 미래를 향해 나아가는 선거가 되어야 한다.

셋째, 4·15 총선은 지난 70년 동안 이 나라를 지배해 온 잘못된 정치 지형을 교정하는 선거가 되어야 한다.

한국은 세계에서 가장 보수적인 정치 지형을 가진 나라이다. 보수와 진보가 경쟁한다고 하지만, 실상은 수구와 보수가 과두 지배하는 형세인 것이다. 보수양당제 국가인 미국에서조차 공립대 무상교육, 무상 보육, 대학생 부채 탕감, 부유세 도입(워런, 샌더스) 등의 선거공약이 나오는 판에 지금 한국 선거에서는 이 정도 공약조차 찾아볼 수 없다. 이렇게 극단적으로 우경화된 정치 지형이 모든 문제의 근원이다. 광장을 촛불로 물들이고, 정권을 교체해도 우리의 현실이 변하지 않는 이유는 바로 여기에 있다. 이번 총선에서 정치 지형을 한 발짝이라도 왼쪽으로 옮겨놓지 않으면 이 땅의 '야수 자본주의'는 더욱 사나워질 것이다.

넷째, 이번 총선은 50년 지속된 지역주의를 끊는 선거가 되어야 한다. 영호남 지역감정은 1970년대 초 박정희에 의해 만들어진 발명품이다. 지역주의는 위대한 한국 민주주의에 새겨진 쓰라린 상처다. 이번 선거는 민주주의를 왜곡해 온 주범인 지역주의를 치유하는 과정이 되어야 한다.

왜곡된 정치 지형 속에서 위성정당이 창궐하고 기만적 정치 언어가 난무하는 절망적인 선거지만 그래도 꼭 투표해야 하는 것은 바로 이러한 이유 때문이다.

현명한 유권자라면 세 개의 '전선'에서 올바른 판단을 내려야 한다.

첫째, 냉전 세력과 평화 세력의 전선이다. 이번 총선은 시대착오적인 반공 수구 세력이 정치 무대에 오르는 마지막 선거가 되어야 한다. 둘째, 이번 선거는 기득권 정치 계급과 개혁 정치 세력의 싸움이다. 승자독식 선거법에 기대어 한국 사회를 독점적으로 지배해 온 수구-보수 과두 지배체제를 허물어야 한다. 셋째,

이번 총선은 또한 자본과 노동의 다툼이다. 자본의 독재에 맞서 인간의 생존권과 존엄성을 지키려는 세력이 힘을 얻어야 한다.

코로나 사태는 한국인의 높은 시민의식을 보여주었다. 사재기도 패닉도 없는 의연한 시민들의 모습에 세계가 경탄하고 있다. 시민들의 품격 있는 행동은 정치인들의 저열한 행태와 극적인 대조를 이룬다. 우리에게 희망이 있다면, 이러한 시민들이 있기 때문이다. 성숙한 시민이 비루한 정치를 바로잡아야 한다.

언제부턴가 독일의 음유시인 볼프 비어만의 시구가 자꾸 귓가에 맴돈다. "이 시대에 희망을 말하는 자는 사기꾼이다. 그러나 절망을 설교하는 자는 개자식이다." 그래, 환멸 속에서도 한 걸음 나가야 한다. 우리에겐 절망할 권리가 없다.

(2020. 4. 13)

6장

평화
공동체를
향 한
담 대 한
전 환

아메리칸 드림에서 유러피언 드림으로

세계 최고의 자살률과 이혼율, 세계 최저의 출산율, 세계 최장의 노동 시간과 학습 시간, 세계 최고 수준의 비정규직 비율과 사회적 불평등, 경제협력개발기구(OECD) 최저의 독서율—오늘날한국 사회의 실상을 보여주는 '객관적' 지표들이다. 이러한 지표들은 한국인들이 처해 있는 암울한 현실을 단적으로 보여준다. 우리 사회가 인간이 살 수 없는 사회로 변해가고 있음을 증언하고, 우리나라가 망해가고 있음을 경고한다.

오늘날 한국 사회가 경이로운 경제성장과 정치 민주화에도 불구하고 이처럼 희망 없는 사회로 추락한 이유는 무엇일까? 그것은 무엇보다도 해방 이후 지난 70년간 우리 사회가 총체적으로 미국화되었기 때문이라는 것이 나의 생각이다.

한국은 '세계에서 가장 미국화된 나라'다. 정치, 경제, 사회, 문화, 교육, 종교 등 한국 사회의 모든 영역에 정착된 제도들은 대부분 미국의 제도를 그대로 이식한 것들이고, 한국인의 의식구조, 가치관, 생활 방식, 사고방식, 욕망, 무의식까지도 미국인의 그것과 빼닮았다. 한국은 '제도의 미국화'와 '영혼의 미국화'가 유기적으로 결합되어 '미국보다 더 미국적인' 나라가 되었다.

독일 총리를 지낸 헬무트 슈미트는 "미국은 사회적으로 보면 지옥"이라 했다. 그의 말이 사실이라면, 한국 사회는 미국화로 인해 '사회적 지옥'으로 변해버린 것이다. 실로 한국 사회는 태어나서부터 죽을 때까지 경쟁이 강요되는 '경쟁사회'가 되었고, 세계 최장 시간의 노동에 시달리는 '노동사회'가 되었으며, 인간의 가치가 시장의 논리에 종속되는 '시장중심사회'가 되었고, 경제적 양극화가 극단으로 치닫는 '불평등사회'가 되었으며, 합리적 사유보다는 종교적 신비적 해결에 의지하는 '신앙사회'가 되었고, 진지한 성찰이나 독서 대신 대중문화에 사로잡힌 '무성찰사회'가 되었으며, 약육강식과 승자독식이 지배하는 '정글 자본주의' 사회가 되었다. 한마디로 인간이 존엄한 존재로 살아가는 것이 어려운 사회가 되었다.

이제 근본적인 전환이 필요한 시점에 이르렀다. 절망사회를 넘어설 출구를 찾아야 하고, 새로운 대안을 구해야 한다.

제러미 리프킨은 '아메리칸 드림'의 시대는 끝났고 '유러피언 드림'의 시대가 열렸다고 했다. 그의 말처럼 이제 우리도 유럽으로 눈을 돌릴 필요가 있다.

유럽은 사회를 운영하고, 인간을 인식하며, 미래를 전망하는 관점이 미국과는 전혀 다른 세계이다. 유럽적 가치는 미국적 가치에 대한 대안으로 형성된 것이다. 유럽적 가치는 무엇보다도 유럽의 역사적 발전 과정에서 생성된 세 가지 정신에 뿌리를 두고 있다. 그것은 18세기 이래 장구한 유럽 노동운동의 전통에서 나온 연대의 정신, '인간은 그 어떤 경우에도 그 자체가 목적이어야지 수단이어서는 안 된다'는 칸트의 정언명령에 기초한 휴머니즘의 정신, 인간 이성의 역능으로 세상을 이해할 수 있고 이상적인 세상을 만들 수 있다는 믿음을 견지하는 계몽의 정신이다.

이러한 정신은 개인적 출세와 재화의 획득을 삶의 목적으로 삼는 미국식 개인주의, 인간을 시장에 종속시킴으로써 인간소외를 심화시키는 미국식 시장주의, 신앙을 이성보다 앞세우고 현실의 좌절과 모순을 내세의 구원으로 위무하는 미국식 신비주의에 대한 안티테제를 이룬다.

광복 70년, 한국 사회는 새로운 가치를 통해 절망사회를 극복해야 할 시대적 과제에 직면해 있다. 사회적 정의, 이성주의, 인본주의, 생태주의, 연대주의라는 유럽적 가치에 바탕을 두고, 경쟁사회에서 '연대사회'로, 노동사회에서 '여가사회'로, 무성찰사회에서 '성찰사회'로, 시장중심사회에서 '인간중심사회'로, 불평등사회에서 '평등사회'로, 정글 자본주의 사회에서 '인간의 얼굴을 한 자본주의 사회'로 우리 사회를 바꾸어가야 한다. 역사적 이성은 지금 우리에게 거대한 전환을 감행할 것을 명하고 있다.

(2015. 5. 31, 「광복 70년, 거대한 전환을 감행하자」)

한국 민주주의의 '주적'은 냉전 체제다

제19대 대선 후보 TV 토론을 보면서 모멸감을 떨칠 수 없었다. 1,600만 촛불의 기억이 벌써 사라진 것인가. '시민혁명' 직후의 선거가 어찌 이럴 수 있는가. 토론 내내 '박근혜 사태'에 책임이 있는 구여권 후보들이 오히려 공세를 펼쳤고, 구야권 후보들은 수세에 몰렸다. 조기 대선의 원인이 된 박근혜 정권의 부패와 무능, 민주주의의 후퇴, 남북 관계의 파탄, 외교의 총체적 실패 등은 언급조차 되지 않았다. 가히 정치적 정신분열, 적반하장의 상황이다.

구여권 후보들은 예의 비루한 냉전 프레임을 다시 들고 나왔고, 구야권 후보들은 옹색하고 모호한 답변으로 궁지에 몰렸다. 수구 냉전주의자들의 시대착오적 행태야 예상된 바이지만 구야권 유력 후보들이 보인 철학의 빈곤과 역사의식의 부재는 실망스러웠다. 정치적 소신과 변혁적 비전을 갖고 토론을 펼친 이는 정의당의 심상정 후보가 유일했다. 그는 냉전 프레임을 '우려먹는' 구여권 후보들뿐만 아니라, 무소신과 기회주의적 변명으로 일관한 구야권 후보들도 준엄하게 질책했다.

'색깔론'이 창궐하는 선거전과 최근의 위태로운 한반도 정세를 보며, 한국 민주주의의 '주적'은 바로 냉전 체제라는 사실을 절감한다. 그 이유는 네 가지이다.

첫째, 냉전 체제는 한국의 국가주권을 형해화했다. 북한의 위협을 명분으로 국민주권의 핵심인 군사주권을 미국에 양도한 것은 냉전주의자들의 수구적 행태가 남긴 국가적 상처다. 그것은 자주 국가로서의 위상을 훼손하고, 민족자결이라는 근대국가의 기본원리마저 부정하는 것이다. 그 결과 오늘 우리는 온전한 판단력이 의심되는 타국 대통령의 손아귀에 국가의 운명을 통째로 떠맡긴 비참한 처지에 놓였다.

둘째, 냉전 체제는 한국의 정치 구도를 기형화했다. 한국의 정치 구도는 보수와 진보가 경쟁하는 정상적인 정치 구도가 아니라, 수구와 보수가 과두적으로 권력을 분점하는 가운데 진보가 배제되어 있는 기형적인 정치 구도다. '보수'라 불리는 정치집단은 기실 냉전에 기생하는 '수구' 집단에 불과하며, '진보'라고 불리는 정당도 세계적 기준에서 보면 보수정당에 가깝다. 세계에서 유례가 없는 이런 극단적인 우편향 정치 구도는 좌파를 '악'으로 낙인

찍어온 냉전 정치 문화의 결과물이다.

셋째, 냉전 체제는 한국의 경제 정의를 파괴했다. 노동, 노동자, 노동조합을 악마화하고, 평등의 가치를 불온시하는 사회에서 경제적 불평등과 사회적 양극화는 심화될 수밖에 없다. 재벌 독재의 경제 질서도 냉전에서 배태된 개발 독재의 산물이다.

넷째, 냉전 체제는 한국인의 성격 구조를 왜곡했다. 냉전은 한국인의 내면에 레드콤플렉스, 반공주의, 공격성, 자기검열, 흑백논리의 심성 구조를 심어놓았고, 이를 통해 내면화된 권위주의적 성격은 한국 민주주의를 '민주주의자 없는 민주주의'로 전락시켰다.

이처럼 냉전 체제는 이 땅에서 국가주권, 정치 구도, 경제 질서, 성격 구조를 총체적으로 왜곡해 민주주의의 토대를 무너뜨린 주범인 것이다.

1990년대 초 미-소 냉전 체제가 해체된 이후 지구상에 냉전이 남아 있는 곳은 한반도밖에 없다. 여기서 냉전은 지난 70년간 한민족을 강대국의 먹잇감으로 전락시켰고, 한국을 기형 국가로 만들었으며, 한국 민주주의를 병들게 했다. 냉전 체제의 극복은 한반도 통일과 동북아 평화뿐만 아니라, 한국 민주주의의 실현을 위한 전제 조건이다. 냉전 체제의 청산 없이는 민주주의도 없다는 것—이것이 색깔론의 광풍 속에서 탄생할 차기 대통령이 반드시 명심해야 할 시대적 명제이다.

(2017. 4. 23)

북핵 위기와 류현진 등판 일정

"전쟁이 일어날지 모르니 좀 더 머물다 귀국하는 게 어때요?" 연구년을 맞아 프랑크푸르트학파로 잘 알려진 프랑크푸르트대학 사회연구소에 머물던 지난달 연구소의 한 독일인 교수가 자못 심각한 표정으로 던진 말이다.

독일 체류 기간 내내 북한의 핵, 미사일 실험과 한반도 전쟁 위기가 독일 언론의 최대 이슈였다. 공영방송의 메인뉴스를 장식한 날이 허다했고, 주요 신문도 톱기사로 삼은 날이 많았다. 특히 9월 초엔 한반도 위기설이 절정에 달해 《프랑크푸르터 알게마이네 차이퉁(FAZ)》에서는 사설, 칼럼, 분석 기사 등 무려 여덟 꼭지에 걸쳐 북핵 문제를 다룬 날도 있었고, 독일제2공영방송(ZDF)

의 간판 시사프로인 〈마이브리트 일너〉에서는 북핵 위기를 진단하는 프로그램을 긴급 편성하기도 했다.

이쯤 되니 한국 수구의 '안보 장사'에 어지간히 면역이 된 내게도 불안한 마음이 고개를 들었다. 한국 상황을 알아보기 위해 오랜만에 포털에 들어갔다. 그런데 어인 일인가. 거기엔 북한 핵도, 김정은과 트럼프의 막말도, 전쟁 위기도 없었다. 실시간 검색어 1위는 '류현진 등판 일정'이었고, 어떤 여배우의 셋째 임신 소식이 검색어 2위에 걸려 있었다. 검색어 10위 안에 북핵이나 한반도 위기 관련 보도는 없었다.

한국인의 이런 놀라운 차분함도 독일 언론의 뉴스거리였다. 신문이고 방송이고 이 '이해할 수 없는 태연함'을 경이로운 시선으로 보도했다. 만나는 독일 친구들마다 전쟁이 임박했다는데 어떻게 아무 일도 없는 듯이 행동할 수 있느냐며 의아해했다. '촛불 시위'를 알고 있는 몇몇 '지한파' 친구들은 질문 공세를 펼쳤다. 왜 거리에서 적극적으로 의사를 표명하는 데 익숙한 한국인들이 이 엄청난 위기의 상황에서 거리로 나서지 않느냐. 한국인의 '침묵'이 당장이라도 전쟁을 벌일 듯이 위협하는 트럼프에게 자칫 잘못된 사인을 주는 것이 아니냐.

모두 일리 있는 말이었다. 정말이지 왜 온 세계가 위기라고 느끼는 이 절박한 상황을 정작 가장 큰 피해가 예상되는 당사자인 우리만 위기로 인식하지 못하는가. 우리는 왜 '전쟁은 절대 안 된다'고 거리에서 외치지 않는 것인가. 거기엔 세 가지 정도의 이유가 있는 것 같다.

첫째는 위기의 일상화이다. 수구들이 오랜 기간 일상적으로 위기를 과장해 온 결과가 위기 불감증으로 나타난 것이다. '비상'이 '일상'이 되면 '정상'이 되는 법이다. 둘째, 뿌리 깊은 반공주의도 한 요인이다. 한반도의 평화를 중시하는 세력을 종북으로 악마화해 온 역사가 이 땅의 평화운동을 위축시켰다. 셋째, 한국 사회의 저변에 흐르는 "동시대 최고 형태의 니힐리즘"(프랑코 베라르디)도 한몫을 한 듯하다. 전쟁 불감증은 세계 최고의 자살률에서 보듯 희망이 실종된 사회에서 나타나는 절망감의 다른 표현일지도 모른다.

위기를 위기로 인식하지 못하는 것이 가장 큰 위기다. 전쟁의 위기가 코앞에 닥쳤는데도 야구선수의 등판 일정에 관심을 갖는 태도는 용기도, 달관도 아니다. 그것의 본질은 자신의 운명을 스스로 결정할 수 없다고 느끼는 데서 오는 '오래된 무력감'이다.

문재인 정부는 부지불식간에 우리를 휘감고 있는 거대한 무력감을 넘어서야 한다. 우리가 동북아 정세의 종속변수가 아니라, 새로운 질서를 창출하는 주도적인 독립변수가 될 수 있음을 보여주어야 한다. 엄혹한 동서 냉전의 시대에 동방정책을 통해 새로운 세계질서를 견인해 낸 빌리 브란트의 비전과 용기에서 배우는 바가 있어야 한다.

(2017. 10. 8)

'문재인 독트린'을 천명할 때다

"헨리, 나는 자네에게 조언을 구하러 온 게 아니라 통보하러 왔다네. 이 일을 해내고야 말 걸세."

빌리 브란트 정부의 특무장관 에곤 바르는 미-소 냉전이 한창이던 1970년 소련과의 대화를 시작하기 전에 미국 쪽 파트너인 헨리 키신저 국무장관을 만나 서독의 입장을 허심히 털어놓고 이해를 구했다. 그러나 키신저가 강한 우려를 표명하자, 바르는 물러서지 않고 자기주장을 펼친 것이다. 1945년 이후 사반세기 동안 지속된 냉전의 질서를 깨고 해빙의 시대를 연 브란트의 '동방정책'은 이렇게 시작되었다.

브란트 총리가 미국에 대해 보인 용기는 참으로 놀랍다. 알다시

피 당시 서독은 '점령지'와 다름없을 정도로 미국의 강력한 영향력 아래 있었다. 세계대전의 패전국이자 냉전의 최전선 국가로서 외교적 자주권은 제한적이었고, 세계 최대의 미군 주둔지가 있는 나라로서 군사적 종속도 심각한 수준이었다. 서독은 경제적 거인이었지만 '정치적 난쟁이'였다. 이런 '난쟁이 나라'의 총리가 '거인들의 질서'를 뒤엎고 나선 것이다. 브란트는 당당하면서도 솔직한 태도로 동·서독 화해, 유럽 통합, 세계평화로 이어지는 자신의 구상을 우방에 설득했고, 마침내 동방정책에 회의적이던 닉슨과 퐁피두를 지지자로 돌려놓았다.

문재인 정부가 여기서 얻을 수 있는 교훈은 무엇보다도 정치적 군사적 약자도 보편 이성과 도덕적 권위에 기대어 새로운 상황을 만들고 주도할 수 있다는 사실이다. 브란트 정부가 강고한 냉전 체제를 '브란트 독트린(동방정책)'으로 와해시킨 것처럼, 문재인 정부도 동북아에 새로이 형성된 신냉전 질서를 인류 보편적 도덕과 이성에 기초한 '문재인 독트린'을 통해 평화의 질서로 전환시켜야 한다. 더 이상 미국의 일방적인 군사주의와 패권주의의 들러리를 서서는 안 된다.

문재인 정부는 한국 외교의 기본 원칙을 세계를 향해 천명할 필요가 있다. '문재인 독트린'은 평화가 통일보다 우선하고, 한반도 평화를 바탕으로 동북아 평화와 세계평화를 지향하며, 어떤 경우에도 전쟁에 반대한다는 원칙을 담은 '평화 독트린'이어야 한다. 문재인 독트린이 시급한 이유는 무엇보다도 한반도의 위기 상황 때문이다. 지금 한반도는 지구상에서 가장 위험한 지역으로서, 평창올림픽 이후 한반도 전쟁 위기설은 현재진행형이다. 핵과학자들은 한반도 핵 위기를 근거로 '지구종말시계'를 '2분 전'으로 앞당겨놓았다. 또한 냉전 시대의 유령과 작별하기 위해서도 새로운 외교 원칙의 천명이 필요하다. 시대착오적인 냉전 의식에서 벗어나 탈냉전의 상상력을 바탕으로 한반도와 동북아의 새로운 평화질서를 지향해야 한다.

문재인 정부는 한반도 평화와 동북아 신질서 구축에 주도적으로 나설 도덕적 정당성을 지니고 있다. 한반도를 둘러싼 4대 강국 중 문재인 정부보다 더 강한 민주적 정당성을 가진 정부는 없다. 미국은 대중 민주주의의 파국을 처연하게 보여주고 있고, 중국은 민주주의 부활의 가능성이 소멸하고 있으며, 러시아의 '마피아 민주주의'나 일본의 '봉건 민주주의'도 근대 민주주의의 이념과 한참 거리가 멀다. 촛불 혁명의 후예로서 문재인 정부는 한국 민주주의의 높아진 국제적 위상을 한껏 활용해야 한다.

우리에게 가장 위험한 것은 김정은의 핵폭탄이나 트럼프의 말폭탄이 아니라, 우리 자신의 무소신과 무력감이다. 대한민국은 더 이상 식민지도, 점령지도, 종속국도 아니다. 진정한 자주독립 국가로서 우리의 국가 이익과 민족 이성에 합치하는 외교 원칙을 당당하게 표명해야 한다. 지금이 적기다.

(2018. 1. 28)

'글로벌 스타' 대한민국의 품격

대한민국이 글로벌 스타로 떠오르고 있다. 케이팝 얘기를 하는
게 아니다. 세계 도처에서 민주주의가 위협받고 있는 오늘날 한
국 민주주의가 각광을 받고 있는 것이다.

현대 민주주의 연구의 세계적인 권위로 인정받는 스웨덴의 '민
주주의 다양성 연구소'가 2019년 펴낸 연구보고서 「세계적 도전
에 직면한 민주주의」에 따르면 한국은 세계 최고 수준의 민주주
의를 구가하는 나라이다. 특히 인구 5천만 이상, 1인당 국민소득
3만 달러 이상의 이른바 '30-50 클럽' 선진 7개국 중에서 한국은
가장 민주적인 국가로 평가됐다. 영국, 이탈리아, 독일이 그 뒤를
이었고, 프랑스, 미국, 일본은 상위 20퍼센트에 속하는 2등급 민

주주의 국가로 분류됐다. 프랑스는 극우주의자 마린 르펜의 부상, 미국은 우익 포퓰리스트 트럼프의 등장, 일본은 군국주의자 아베의 장기 집권이 부정적 평가에 영향을 미친 것으로 보인다.

한국 민주주의가 이처럼 높은 평가를 받은 결정적인 요인은 2016년 촛불 혁명과 대통령 탄핵이다. 행정부의 수장인 대통령의 국정 농단에 대해 입법부인 국회가 탄핵하고, 사법부인 헌법재판소가 '인용'한 일련의 민주적 절차는 한국 민주주의를 '삼권분립의 살아 있는 교본'으로 세계에 각인시킨 것이다.

그뿐인가. 한국 민주주의는 아시아 민주주의의 상징으로 자리 잡은 지 오래다. 최근 홍콩 시위에서도 보듯 한국 민주주의는 이제 하나의 '전범'으로서 아시아 민주화운동에 영감을 불어넣고 있다. 한국 민주주의의 역사를 공부하고, 〈임을 위한 행진곡〉을 부르며 시위를 벌이는 아시아 시민들을 볼 때마다 큰 자긍심을 느끼지 않을 수 없다.

유럽에서 바라보는 시각도 그리 다르지 않다. 2016년 겨울 촛불 혁명이 절정에 이른 무렵 독일의 권위 있는 시사주간지《디 차이트》에 "이제 미국과 유럽은 한국에서 민주주의를 배워야 한다"는 놀라운 제목의 칼럼이 실린 것은 결코 우연이 아니다.

그러나 세계가 '민주주의의 모범'이라고 찬탄해 마지않는 대한민국이 정작 한반도를 둘러싼 동북아 질서의 재편 과정에서는 국제적 위상에 걸맞은 목소리를 내지 못했다. 미국에 지나치게 의존해 왔기 때문이다. 한국이 자주적 주권국가로서 동북아에서

합당한 역할을 하려면 무엇보다도 미국과의 관계에서 대전환이 필요하다. 향후 한-미 관계는 일방적 종속 관계에서 쌍방적 대등 관계로 바뀌어야 한다.

"브루클린에서 월세 114달러 13센트를 받는 것보다 한국에서 방위비 10억 달러를 받는 것이 더 쉬웠다"는 트럼프의 막말은 단순한 실수가 아니다. 그것은 한-미 관계의 실상을 압축적으로 보여주는 단면이다. 가장 아픈 대목은 '13센트'다. 거기 서려 있는 조롱과 비하와 경멸의 정서가 정작 한국을 향한 미국의 진심인가.

미국의 강력한 영향력 아래서도 독자 노선을 걸어온 독일은 현 시점에서 우리에게 많은 시사점을 준다. 슈뢰더 총리는 미국의 신자유주의적 공세에 맞서 '독일의 길'을 천명했고, 메르켈 총리는 트럼프의 '미국 우선주의'를 비판하며 '유럽의 길'을 선언했다. 이제 우리도 분명하게 '한국의 길'을 천명할 때가 되었다. 한국의 길은 미국의 길과 다르다. 그것은 한반도 평화, 동아시아 평화, 세계평화로 이어지는 길이며, 인권과 정의, 연대와 인류애로 나아가는 길이다.

문재인 대통령은 2019년 8·15 경축사에서 '아무도 흔들 수 없는 나라'를 주창했다. 이제 그 나라는 개성공단과 금강산에서 실현되어야 한다. 미국과 협의하되 우리가 결정해야 하며, 필요한 경우 갈등과 마찰도 두려워해서는 안 된다. '세계의 문제아'로 공인된 트럼프의 미국과 아무런 갈등도, 마찰도 없다는 것이야말로 창피스러운 일이 아닌가.

문재인 정부는 미국의 반대를 뚫고 한-일 군사정보보호협정(GSOMIA)의 종료를 선언함으로써 글로벌 스타 대한민국의 품격을 보여주었다. '미국도 흔들 수 없는 나라'임을 증명해 보였다. 그러자 동북아 전체가 한국을 중심으로 꿈틀대기 시작한다.

한국 정부는 대한민국의 국제적 권위와 민주시민의 높은 정치의식을 믿고 미국을 상대해야 한다. 반대할 것은 반대하고 요구할 것은 요구하면서 당당하게 우리의 입장을 관철해야 한다. 우리가 종속변수가 아니라 독립변수가 되어야 한반도 평화 프로세스도 온전히 굴러갈 수 있다. 이것이 지난 2년 동북아를 둘러싼 국제정치적 소용돌이가 우리에게 가르쳐준 교훈이다.

(2019. 8. 25)

독일에 주목해야 할 세 가지 이유

독일에 대한 관심이 뜨겁다. 2012년 대선 때 경제 민주화와 복지국가가 선거의 화두로 떠오르면서 고조되기 시작한 독일에 대한 관심은 독일이 흔들리는 유럽연합의 구세주로 부상하면서 '독일 열풍'으로 번져가는 모양새다.

한때 유력 정치인들이 '공부'하러 독일로 떠나는 것이 유행을 이루더니, 언제부턴가 국회에 '독일 공부 모임'이 생겨나고 여야 가릴 것 없이 절반이 넘는 의원들이 '열공' 중이라는 소문이다. 뒤질세라 주요 신문과 방송들도 연일 독일 관련 특집기사와 기획물을 쏟아내고 있다. "독일을 넘어 미래 한국으로", "독일에서 배우다", "독일, 미래를 이끌다" 등 대부분의 언론 기획물들은 독일의 과거를 보고 우리의 미래를 구상하자는 내용이다.

왜 하필 독일인가? 왜 독일을 통해 우리의 미래를 그려보려 하는가? 그것은 우리가 현재 직면하고 있는 문제와 가장 유사한 문제를 가장 성공적으로 해결한 나라가 바로 독일이기 때문일 것이다. 독일이 이루어낸 현재가 우리가 이루어가야 할 미래이기 때문일 것이다.

우리가 독일에 주목해야 할 이유는 크게 세 가지다. 첫째, 독일은 한국 사회를 개혁하고 복지국가를 실현하는 데 방향타 구실을 할 수 있다. 현재 한국 사회가 처해 있는 심각한 위기는 '독일 모델'의 수용을 통해 상당 부분 극복될 수 있다. 예컨대 독일식 정당명부 비례대표제는 과도한 사표로 인해 왜곡돼 온 우리의 대의정치 시스템을 근본적으로 치유하는 유력한 수단이 될 수 있고, 독일식 노동자 경영 참여와 공동결정제는 우리의 비민주적 기업 문화를 혁파하고 경제 민주화를 실현하는 사회적 토대를 제공할 수 있으며, 다양한 독일식 사회복지 제도는 인간의 존엄성을 지키고 사회적 정의를 구현하는 제도적 장치로 수용될 수 있을 것이다.

둘째, 주지하다시피 독일은 한반도 통일에 타산지석이자 반면교사다. 빌리 브란트가 추진한 동방정책, 특히 '접근을 통한 변화', '작은 발걸음 정책', '일방주의 지원 정책'은 우리에게 여전히 시사하는 바가 크다. 1960년대 말 숨 막히는 냉전 체제를 뚫고 해빙의 새 시대를 열어젖힌 브란트의 정치적 용기, 동방정책을 계승함으로써 정파의 이해를 넘어 통일의 결실을 거둔 보수주의자 헬무트 콜의 역사적 안목도 눈여겨볼 대목이다. 반면 성급한 화폐 통합과 식민화 방식의 통일이 초래한 사회문화적 갈등이 여전히 통일독일의 부담으로 남아 있는 현실에서 배우는 바가 있어야 한다.

셋째, 독일은 동북아 평화공동체의 실현에 많은 시사점을 줄 수 있다. 현재 동북아에 감돌고 있는 갈등과 긴장은 크게 보면 세 가지 요인에 기인한다. 일본의 과거, 한반도의 현재, 중국의 미래가 그것이다. 일본의 '청산되지 않은 과거'가 동북아 지역 갈등의 역사적 기원을 이루고, 남북 대치로 인한 한반도의 분단 현실이 동북아를 지리적으로 갈라놓고 있으며, 미래 중국의 패권주의에 대한 주변국들의 불안이 동북아에 내적 긴장을 조성하고 있다. 동북아 지역이 안고 있는 바로 이 세 가지 문제, 곧 과거 청산, 분단, 패권주의의 문제를 한꺼번에 풀어낸 지구상 유일한 나라가 바로 독일이다. 독일은 나치 과거를 모범적으로 청산했고, 국가적 분단을 평화적으로 극복했으며, 세계대전을 일으킨 '패권국가 독일'에 대한 주변국들의 불안을 성공적으로 불식함으로써 유럽연합 탄생에 결정적인 기여를 했다. 바로 이 점에서 독일 현대사는 동북아 평화공동체 구축을 위한 '살아 있는 교과서'라고 할 만하다.

이처럼 독일은 '복지국가 대한민국', '통일 한반도', '동북아 평화공동체'의 실현을 꿈꾸는 사람이라면 한 번쯤 눈여겨보아야 할 나라가 되었다.

(2014. 2. 23)

메르켈 총리의 충고

2014년 독일을 방문한 박근혜 대통령은 앙겔라 메르켈 총리와 '통일'을 주제로 대화를 나눴다고 한다. 동독 출신인 메르켈 총리는 한반도 통일 과정에서 가장 필요한 일은 "전혀 다른 삶을 살아온 사람들을 열린 마음으로 대하고, 그 사람들이 하는 이야기에 귀를 기울이는 것"이라고 조언했고, 이에 박 대통령은 "독일은 한반도 평화통일의 모델"이라며 "통일독일의 모습을 보면서 통일한국의 비전을 세우겠다"고 화답했단다.

상대방에 대한 존중과 배려를 주문한 메르켈 총리의 충고는 평범한 듯하지만 사태의 정곡을 찌른다. 우리의 통일 정책에서 가장 결여된 것이 바로 이것이기 때문이다. 돌아보면 '통일독일'과

'분단 한반도'의 차이는 상호존중과 상호신뢰의 유무에 있다. 독일은 존중과 신뢰의 바탕 위에서 분단의 장벽을 허문 반면, 우리는 적대와 불신 속에서 분단의 성채를 쌓아왔다.

독일 통일의 길을 연 '동방정책'의 성공 비결은 무엇보다도 동독에 대한 섬세한 배려에 있었다. 당시 빌리 브란트 서독 총리는 최대한 상대방을 자극하지 않으려고 용어 하나하나까지도 신경을 썼다. 브란트의 통일 정책이 '동방정책'으로, 통일 담당 행정 부서가 '내독성(內獨省)'으로 불린 까닭이다. 서독에 '흡수'될 것을 두려워하는 동독을 자극하지 않기 위해 '통일'이라는 말 자체를 스스로 삼갔던 것이다.

우리의 경우는 어떤가. 통일 문제에 있어 가장 전향적이고 유화적이던 김대중 정부의 통일 정책마저 '햇볕정책'이었다. 이 말은 이미 북을—물론 '삭풍'은 아니지만—'햇볕'으로 '벗겨야 할 대상'으로 상정하고 있지 않은가. 상대방에 대한 배려가 부족했던 것이다. 이런 맥락에서 보면 박 대통령의 '통일대박론'은 그 천박함과 오만함이 도를 넘어섰다. 통일을 일확천금의 도박에 비유하는 반지성과 몰역사성은 차치하고라도, 상대방을 오직 경제적 약탈의 대상으로 얕잡아보는 오만함은 또 어찌할 것인가.

서독 정부의 통 큰 지원도 동서독 간 신뢰 구축에 결정적인 기여를 했음을 우리는 알고 있다. 동독을 대하는 서독의 태도에는 맞수를 대하는 경쟁자라기보다는 아우를 대하는 형님의 너그러움과 여유가 있었다. 동독 마르크에 대한 신용 문제로 동독의 대

서방 무역이 어려움에 처하자 스윙(Swing)이라는 무이자 장기차
관을 제공한다거나, 재정 지원을 통해 동독 내 정치범들을 석방
하도록 유도하는 등 서독은 동독의 경제 발전과 민주화를 위해
선의의 지원을 아끼지 않았다.

동독에 대한 막대한 지원을 퍼붓던 당시 동서독의 경제적 격차
는 3배 정도였지만, 오늘날 남북 간의 경제적 격차는 대략 40배에
이른다고 한다. 그럼에도 우리 정부의 태도에서 형님다운 의연함은
커녕, 최소한의 존중과 배려의 몸짓도 찾아보기 어렵다. 보이는 건
힘으로 상대를 제압하려는 시대착오적 대결 의식과 북의 위협을
과장하여 현실 정치에 활용하려는 낡은 매카시즘의 욕망뿐이다.

통일은 혼자 하는 게 아니다. 상대가 있다. 우리의 상대는 불행
히도 인류 역사상 유례가 없는 3대 세습의 봉건적 사회주의 전제
국가이다. 그러나 그럼에도 불구하고 통일을 해야 한다면 예의
옹졸한 적대적 자세부터 벗어던져야 한다. 북한은 이미 경쟁 상
대가 아니라 포용 대상이기 때문이다.

박근혜 대통령은 '통일대박론'으로 어설프게 발톱을 드러내면
서 입으로만 '평화통일'을 얘기해서는 안 된다. 독일의 경험에서
진정 배우고자 한다면 우리의 경제력에 걸맞게 대북 지원과 경제
협력을 획기적으로 확대해야 한다. 망설일 것도 없다. 박근혜 정
부는 이전의 어느 정부도 누리지 못한 이점을 누리고 있지 않은
가. 누구도 '퍼주기'라 비난하지 않을 테니까.

(2014. 4. 6)

독일 통일과 두 목사

독일 통일의 일등공신 하면 으레 서독의 '동방정책'을 떠올리는 이가 많다. 하긴 동방정책이 독일 통일에 커다란 역할을 한 것은 사실이다. 그러나 독일 통일의 주역은 어디까지나 동독 시민들이었다. 스탈린주의적인 호네커 정권을 무너뜨린 것도 그들이요, 베를린장벽을 허문 것도 그들이다. 독일 통일은 무엇보다도 동독 시민들이 1989년 가을 목숨을 걸고 이루어낸 '동독혁명'의 결과였다.

그러나 '동독혁명'은 여전히 많은 이들에게 낯선 개념이다. 서독의 언론과 지배층이 그것을 인정하길 꺼렸기 때문이다. 그들은 동독인들이 당당한 주체로서 통일독일의 일원이 되는 것을 원치 않았고, 동독의 정체성이 부활하는 것을 두려워했다.

베를린장벽 붕괴 25돌이 되는 오늘날 동독혁명의 역사적 의미는 새롭게 조명돼야 한다. 특히 1989년 10월 9일에 벌어진 라이프치히 '월요시위'는 독일 역사상 유례가 없는 거사였음을 기억해야 한다. 죽음을 각오하고 몰려든 7만 명의 시민들이 비폭력의 상징인 촛불 하나에 의지해 40년간 지배해 온 스탈린주의 체제를 종식시킨 기적이 일어난 것이다. 이는 혁명의 역사가 부재한 독일에서 최초로 성공한 혁명이었다.

동독혁명은 또한 '개신교 혁명'이었다. 교회가 혁명의 진앙이었고, 목사들이 혁명의 중심이었다. 민주주의와 인권을 외치는 시민들이 교회로 모여들었고, 목사들이 이러한 움직임을 조직했다. 특히 동독혁명의 기폭제이자 절정이었던 라이프치히 월요시위의 한가운데에는 니콜라이 교회의 '전설적인' 목사 크리스티안 퓌러가 있었다.

2007년 니콜라이 교회 사목실에서 퓌러 목사와 나눈 대화를 잊을 수 없다. 그는 "독일 통일의 본질은 세계관의 독재에서 자본의 독재로의 이행"이라고 진단하면서, 자본의 독재에 맞서는 것이 여생의 과제라고 했다. 동독 공산당을 무너뜨린 노목사가 이제 자본과 힘겹게 대결하고 있었다. "기독교인인 당신이 어떻게 사회주의를 신봉할 수 있습니까?" 반공국가에서 온 필자의 우문에 그는 웃으며 답했다. "저는 기독교인임에도 불구하고 사회주의자인 것이 아니라, 기독교인이기 때문에 사회주의자인 것입니다. 예수야말로 최초의 사회주의자지요."

퓌러 목사가 동독의 권위주의적 사회주의에 맞서 진정한 사회주의를 추구한 '기독교 사회주의자'를 대표한다면, '기독교 보수주의자'를 대표하는 목사는 요아힘 가우크다. 그는 1989년 동독의 변혁기에 '노이에스 포룸', '동맹 90' 등의 시민단체에서 활동하다가 동독의 과거 청산을 총괄하는 일명 '가우크 관청'의 책임자가 된 인물이다. 가우크 목사는 필자와 한 대담에서 자신은 "현실주의자"로서 "이상주의자"인 퓌러 목사와는 생각이 다르다며, 퓌러의 자본주의 비판을 체제 이행기에 나타나는 '정체성의 혼돈'이라고 폄하했다. 가우크는 2012년 독일의 제11대 대통령이 되었다.

지난 2014년 6월 30일 크리스티안 퓌러 목사는 향년 72세로 세상을 떠났다. 독일의 언론은 그의 서거 소식을 비중 있게 다루었다. 특히 제1공영방송(ARD)은 메인뉴스에서 퓌러 목사를 "평화기도회의 창시자"이자 "동독혁명의 영웅"이라고 칭송했다. 공교롭게도 그로부터 얼마 후 같은 뉴스에서 가우크 대통령이 국제분쟁 해결을 위한 군사력 사용의 확대를 주장했다.

고슴도치 머리에, 소매 없는 청재킷과 청바지—거리의 여느 노동자, 여느 속인과도 구별되지 않는 퓌러 목사의 허름한 모습이 영상에 스친다. 가장 범속한 외양 뒤에 가장 거룩한 정신을 간직했던 동독혁명의 전설, 우리 시대의 성자, 내 마음속의 예수—크리스티안 퓌러 목사의 영전에 삼가 깊은 애도를 표한다.

(2014. 7. 20)

유럽의 독일화를 우려한다

노벨 문학상 수상 작가 귄터 그라스는 1960년대부터 유럽 통합을 주창해 온 독일의 대표적인 유럽주의자였다. 그는 독일 통일의 문제도 유럽적 관점에서 파악했다. 그에게 독일 통일의 본질은 '독일을 유럽화할 것인가', '유럽을 독일화할 것인가' 사이에서 양자택일하는 문제였다. 그가 민족국가를 복원하는 형태의 통일에 반대한 것은 통일독일이 전후 반세기 동안 유럽의 평화를 유지시켜온 세력균형을 무너뜨리고, 강력한 경제력을 바탕으로 유럽 전체를 지배하게 될 것이라고 우려했기 때문이다. 그는 "독일이 과거 군사력으로 정복하지 못한 유럽을 이제 경제력으로 정복하게 될 것"이라고 끊임없이 경고했다. 서독과 동독이 이미 진행 중인 유럽 통합의 과정에 합류하여 '유럽이라는 하나의 집'에 동거하면서 자연스럽게 유럽화되는 길로 나아가길 그는 소망했다. 그의 '반통일론'은 1990년을 전후한 동서독 통일 공간에서 당연히 환영받지 못했고, 그는 독일 민족주의자들로부터 '조국의 배신자'로 낙인찍혔다.

최근 세계적 관심사로 떠오른 '그리스 위기'를 보며 가장 먼저 떠오른 이가 그라스였다. 그리스 위기의 본질은 국가부채 문제라기보다는 '유럽의 독일화'의 한 국면을 보여주는 것이기 때문이다.

역사적으로 독일과 유럽의 관계는 지극히 모순적이었다. 독일은 근대 유럽 '정신혁명'의 주도자였지만, 동시에 언제나 유럽의 문제아였다. 유럽을 황폐화시킨 두 차례 세계대전을 일으킨 건 모두 독일이었다. "유럽 문제는 곧 독일 문제"라는 말이 회자되는 이유다.

유럽 문제는 곧 독일 문제였기에, 유럽 통합에 있어서도 독일의 역할은 결정적이었다. 독일이 처한 역사적·지정학적 상황으로 인해, 유럽 통합의 3대 장애물을 제거해야 할 과제가 독일에 부여되었다. 첫째, 나치즘의 과거에 대한 철저한 청산을 통해 주변국의 신뢰를 회복해야 했고, 둘째, 동서 냉전의 상징인 동서독 분단을 극복해야 했으며, 셋째, 미래 독일의 패권주의에 대한 주변국의 불안을 불식시켜야 했다. 독일은 나치 과거 청산, 분단 극복, 주변국의 신뢰 회복을 성공적으로 이루어냄으로써 유럽 통합의 걸림돌에서 유럽연합의 견인차로 변신할 수 있었다. 독일이 유럽 통합의 주역이 될 수 있었던 데는 이 과정에서 쌓아온 '도덕적 권위'가 중요한 구실을 했다.

이번 그리스 위기는 전후 독일 역사상 처음으로 독일에 대한 신뢰의 위기를 초래했다. "독일 정부가 독일이 반세기 동안 쌓아 온 정치적 자산을 하룻밤 새 탕진해 버린 게 아닌지 우려된다"는 위르겐 하버마스의 지적은 정확히 이 지점을 가리키는 것이다.

문제는 그리스가 아니라 독일이다. 문제는 경제 논리가 아니라 역사의식이다. 독일은 모든 것을 돈의 문제로 환원하는 '사탄의 맷돌'(칼 폴라니)을 거부하고, 인간과 역사의 가치를 중시해 온 분단 시대의 정체성을 회복해야 한다.

독일은 유로존과 유럽연합 형성 과정에서 세계 최대의 수출국이 되었다. 독일의 경이로운 경제성장은 잠재해 있던 민족주의 정서를 일깨웠다. 국가적 이해관계를 초월하는 도덕적 권위가 수출 강국의 경제적 자만심으로 대체되는 '수출 민족주의'(오스카 라퐁텐)가 확산되는 현상은 오늘날 독일에는 가장 위험한 독이다.

독일 최고의 수출품은 메르세데스-벤츠도 폴크스바겐도 아니다. 그것은 "인간 존엄은 불가침하다"는 독일 헌법 제1조이고, "환희가 날개를 펼치면 모든 인간이 형제가 된다"는 베토벤의 〈환희의 송가〉이다. 독일 헌법 제1조는 유럽헌장 제1조로, 〈환희의 송가〉는 유럽연합가로 '수출'되었다. 수출 민족주의에서 벗어나 인본주의, 사해동포주의로 복귀하는 것─이것이 독일이 나아갈 길이요, 유럽이 살아날 길이다.

(2015. 7. 26)

흡수통일은 신화다

10월 3일은 우리에게는 개천절이지만, 독일에서는 '통일의 날'이다. 오늘, 한반도에서는 닫힌 하늘이 열렸고, 독일에서는 갈린 나라가 합쳐졌다.

세계 유일의 분단국가에 사는 우리는 누구보다도 독일의 통일에 관심이 많다. 그러나 독일 통일에 대해 우리가 알고 있는 것 중에는 잘못된 것도 많다. 그중 대표적인 것이 '서독이 동독을 흡수통일했다'는 인식이다. '흡수통일론'은 우리가 만든 신화다.

독일에서는 '흡수통일'이라는 말 자체가 없다. '통일', '재통일', '가입', '연방 확대' 등이 서독과 동독이 합쳐진 역사적 사건을 명명하는 데 흔히 쓰이는 개념이다. '흡수'라는 말은 사용되지 않는다.

2015년 통일 25주년 기념사에서 나온 독일 대통령 요아힘 가우크의 말이다. "통일은 평화혁명으로부터 생겨났습니다. 동독인들은 두려움을 극복하고 강력한 민중운동을 통해 억압자들에게 승리를 거두었습니다. 독일 역사에서 처음으로 피억압자들의 열망이 실제로 성공하는 영예가 주어졌습니다."

여기서 주목해야 할 것은 독일 통일은 '평화혁명'의 결과라는 것, 이 혁명의 주역은 동독 민중이라는 것을 독일 대통령이 공식적으로 인정하고 있다는 사실이다.

평화혁명은 1989년 10월 9일 라이프치히에서 일어났다. 동독 사회주의통일당의 에리히 호네커는 예고된 '월요시위'에 대해 군대를 동원한 무력 진압을 공언했고, 재야 시민단체는 시위의 강행을 선언했다. 유혈 충돌이 불가피해 보이는 상황에서 전 세계 언론은 라이프치히에 집결했다. 결과는 놀라웠다. 예상을 깨고 평소의 두 배에 달하는 7만 명의 시민이 목숨을 걸고 거리로 나선 것이다. 이에 놀란 군과 당국은 일촉즉발의 찰나에 발포를 포기하고 물러섰다. 동독 민중이 스탈린주의 정권을 무너뜨린 역사적 순간이었다.

이는 피 한 방울 흘리지 않고 독재자를 굴복시킨 '무혈혁명'이었고, 동독 민중이 쟁취한 '동독혁명'이었다. 또한 독일 역사상 최초의 '성공한 혁명'이었다. 그 후의 과정은 형식적 절차에 불과했다. 호네커는 사임했고, 재야인사들을 중심으로 원탁회의가 구성되어, 1990년 3월 민주적 절차에 따라 인민의회 선거를 치러냈다.

인민의회 선거는 '통일 선거'였다. 통일의 찬반과 완급이 선거의 핵심 쟁점이었다. 기민당 계열의 '독일연맹'은 서독 기본법 23조에 따른 신속한 통일을, 사민당은 기본법 146조에 의거한 점진적 통일을, 재야 시민단체 선거 연합인 '동맹 90'은 동독의 개혁과 존속을 공약으로 내세웠다. 선거 결과는 충격적이었다. '독일연맹'이 48퍼센트를 얻어 21.9퍼센트에 그친 사민당과 2.9퍼센트에 머문 '동맹 90'에 압승한 것이다. 이처럼 신속한 통일을 결정한 것은 서독의 압력이 아니라, 동독 주민들의 민주적인 의사였다.

문제는 헬무트 콜 총리가 동독혁명을 인정하지 않고, 오히려 자신이 통일의 전 과정을 주도한 것처럼 연출하고자 했다는 사실이다. 만약 서독이 동독혁명에 적극적으로 역사적 의미를 부여하고, 동독 주민들을 통일의 당당한 주역으로 받아들였다면, 통일 독일은 생동감 넘치는 새로운 공화국으로 탄생했을 것이다. 동독인들이 생명을 걸고 일구어낸 통일의 결실을 서독 정치인들이 찬탈한 것, 이것이 통일 이후 동서독 갈등이 심화되고 지금까지도 지속되고 있는 근본 원인이다.

독일 통일이 보여주듯이 통일도 결국 사람의 일이다. 상대방의 '마음'을 얻어야 한다. '선전포고'하듯 윽박지르는 박근혜 대통령의 오만한 태도로 북한 주민의 마음을 움직일 수 있을지 걱정이 크다.

(2016. 10. 2)

동북아 평화는 우리 손에

독일이 통일된 이듬해인 1991년 미국 하버드대학에는 독일학술교류처(DAAD)의 지원하에 '독일유럽연구센터'가 설립되었다. 독일 정부의 지원을 받는 최초의 국외 독일 연구 기관이 세워진 것이다. 제2차 세계대전 종전 이후 자국의 학문과 문화를 '홍보'하는 것을 극도로 자제해 온 독일이 통일을 계기로 '정상 국가'의 행보를 시작한 것이다.

'독일유럽연구센터'(이하 센터)는 이후 영국의 케임브리지대학, 네덜란드의 암스테르담대학, 러시아의 상트페테르부르크대학, 일본의 도쿄대학, 중국의 베이징대학 등 세계의 유수 대학에 연이어 세워져 현재 11개국 21개 대학에서 국제적인 네트워크를 형성하고 있다. 각국의 '센터'는 독일/유럽에 관한 교육, 연구, 교류의 거점 구실을 하고 있으며, 특히 대학원에 '독일유럽학과'를 개설하여 독일 전문가, 유럽 전문가를 양성하고 있다.

한국 사회가 안고 있는 통일, 복지, 노동, 정치, 교육, 환경 등의 문제를 해결하는 데 '독일 모델'이 많은 시사점을 줄 수 있다는 문제의식에서 2001년 중앙대에 세워진 '독일연구소'는 2013년 공모를 통해 독일학술교류처 '독일유럽연구센터'를 유치하는 데 성공했다. 중앙대가 도쿄대, 베이징대에 이어 아시아에서 세 번째로 독일 유럽 연구의 '센터'로 선정된 것이다.

우리는 공모 과정에서부터 동북아에서 독일 연구가 갖는 특별한 의미를 강조했다. 현재 동북아가 처해 있는 위기의 본질은 '일본의 과거', '한반도의 현재', '중국의 미래'에 있는 바, 일본의 청산되지 않은 과거와 한반도의 분단 현실, 중국의 미래 패권에 대한 불안을 해소해야만 동북아 평화 체제로 가는 길이 열릴 것이고, 독일은 동북아가 안고 있는 과거 청산, 분단, 패권주의의 문제를 동시에 해결한 세계 유일의 국가이기 때문에 동북아 평화공동체를 이루기 위해 한·중·일 3국이 공동 연구해야 할 가장 중요한 나라라는 것이 우리의 기본적인 생각이었다. 이런 인식에서 우리는 2013년 도쿄대와 베이징대 센터에 '동북아독일유럽학회'의 설립을 제안했고, 2015년 마침내 베이징대에서 '제1회 동북아 DAAD 센터 콘퍼런스'가 열렸다.

지난 몇 년 동안 베이징대, 도쿄대 교수, 학생들과 교류하면서

290

많은 것을 보고 느꼈다. 특히 인상적인 것은 중국과 일본 학자들의 이질적인 모습이었다. 이들은 서로 자연스럽게 어울리지 못했고, 무언가 서로 불편해하는 기색이 역력했다. 독일에 대한 공동 연구를 통해 동북아 평화 체제의 구상을 모색해 보자는 우리의 제안에 대해서도 반응은 상이했다. 중국 측은 흔쾌히 응한 데 반해, 일본 측은 매우 수동적으로 대응했다.

학생들의 경험도 크게 다르지 않았다. 지난해 독일 오첸하우젠에서 열린 '유럽 아카데미'에 다녀온 학생들의 말에 따르면 중국과 일본 학생은 상호 소통에 어려움을 느끼는 것 같았고, 한국 학생이 끼어야 대화와 분위기가 살아났다는 것이다.

중국인과 일본인 사이엔 어떤 보이지 않는 벽이 존재하는 것 같다. 그렇다고 서로에 대한 관심이나 호감이 없는 건 아니다. 망설이는 둘 사이를 이어주는 건 늘 한국인이다. 이렇게 한·중·일의 학문 교류에서는 한국이 중국과 일본을 연결해 주는 다리 구실을 한다.

동북아 평화에 한국이 기여할 수 있는 몫은 우리가 생각하는 것보다 크다. 한국이 이니셔티브를 쥐고 동북아 평화의 길을 앞장서 열어갈 수 있다. 한 국가의 영향력이란 반드시 국력의 크기에 비례하는 것은 아니다. 동서 냉전 체제를 무너뜨린 것은 강대국 미·소가 아니라, 분단국 서독이었다. 동북아 평화의 성패도 중국과 일본이 아니라, 우리의 손에 달려 있는지도 모른다.

(2016. 3. 20)

국경 없는 유럽에서 동북아를 생각한다

2016년 여름, 유럽에 다녀왔다. 독일의 남서부 오첸하우젠에서 열린 '유럽 아카데미'에 참석하기 위해서였다. 이 학술 캠프는 오늘의 유럽을 깊이 들여다볼 기회를 주었다. 난민 위기와 브렉시트, 독일 헤게모니 등 현안들을 두루 살피고, 슈트라스부르크, 솅겐, 룩셈부르크 등 유럽 통합의 현상도 직접 둘러볼 수 있었다. 통합된 유럽의 속살을 만져본 기분이었다.

유럽의 속살은 우리 언론에 비친 외적 이미지와는 달랐다. 몰려드는 난민, 그치지 않는 테러, 극우파의 선동, 브렉시트로 상징되는 '위기의 유럽'은 없었다. 난민과 이주민 문제는 상당히 진정되어 있었고, 극우파의 발호는 우려했던 수준은 아니었다. 테러에 대한 시민들의 반응도 의외로 차분했다. 브렉시트가 유럽연합의 미래에 치명타를 입히리라고 보는 이는 없었다.

오히려 유럽 통합은 순조롭게 진행되는 것처럼 보였다. 수많은 민족국가들을 하나의 공동체로 묶어내려는 인류 역사상 초유의 실험은 일단 성공 단계에 들어선 것 같다. 유럽호는 난민, 테러, 국가부채라는 거대한 삼각파도에 부딪히면서도 부단히 전진하고 있었다.

유럽연합의 '순항'은 무엇보다도 유럽연합에 대한 유럽인들의 폭넓은 동의에 기반한다. 유럽인들은 자국 정부나 의회보다 유럽연합을 더 신뢰한다. 유럽연합에 대한 신뢰도가 정부나 의회에 대한 신뢰도보다 30퍼센트나 높다. 또한 유럽연합의 미래에 대해서도 낙관하는 이가 20퍼센트 정도 많고, 유럽연합에 더 많은 권한을 주어야 한다는 의견이 15퍼센트나 높다.

게다가 유럽인들은 이미 '하나의 유럽'에서 살고 있다. 국경통제 없는 자유 통행에 합의한 '솅겐 협약'에 26개국이 참여하고 있고, 4억 2천만 명에 이르는 유럽인들이 자유로이 국경을 넘나들고 있다. '그로스레기온 자르-로르-룩스(Groβregion SaarLorLux)'에서 국경이 사라진 유럽의 달라진 일상을 충격적으로 경험했다. 그로스레기온은 독일의 자를란트, 프랑스의 로렌, 룩셈부르크, 벨기에의 왈로니아를 포괄하는 지역으로, 4개국 1,100만 명의 시민들이 하나의 생활공동체를 이루어 살고 있다. 매일 아침 버스를 타고 프랑스에서 독일로 일하러 가고, 오후엔 전차를 타고 독일에서 프랑스로 장 보러 가며, 오전에 룩셈부르크대학에서 강의를 듣고, 오후에는 독일 대학 세미나에 참석하는 것이 자연스러운 일이 되었다.

사실 유럽연합은 그 많은 위기 담론에도 불구하고 이미 성공한 실험이다. 전후 유럽연합을 구상한 동기를 상기해 보라. 유럽연합은 더 이상 유럽에서 전쟁이 일어나서는 안 된다는 합의, 영구평화의 이념에서 탄생했다. 그것은 1·2차 세계대전이 벌어진 '전쟁의 대륙'이 역사에서 얻은 값비싼 교훈이었다. 오늘의 유럽을 보면 이런 평화의 이념은 이미 실현되었다고 할 수 있다. 국경이 사라지면 전쟁도 사라지는 법이다.

부러운 마음으로 하나 된 유럽을 체험하며 불안한 눈으로 분열된 아시아를 돌아본다. 문제는 유럽이 아니라 아시아다. 특히 동북아가 문제다. 만약 3차 세계대전이 일어난다면, 그 전쟁터는 유럽이 아니라 동북아가 될 가능성이 농후하다. 중국과 일본의 영토 분쟁, 한국과 일본의 역사 논쟁, 중국과 한국의 '사드 갈등', 북한의 '핵정치' 등은 동북아가 얼마나 위태로운 지역인지를 새삼 환기시킨다.

그럼에도 불구하고 동북아 지역에서 진지한 위기의식을 찾아보기는 어렵다. 위기를 위기로 인식하지 못하는 것이 가장 큰 위기다. 왜 우리는 위기가 코앞에 닥쳤는데도 유럽연합과 유사한 '동북아연합'을 꿈꾸지 않는가. 동북아의 '평화 세력'이 평화공동체를 실현하기 위해 지혜와 힘을 모아야 할 때다.

(2016. 9. 4)

294

메르켈의 총선 승리가 의미하는 것

2017년 제19대 독일 총선이 2주 앞으로 다가왔다. 독일 현지의 분위기는 선거가 코앞에 다가왔음을 물씬 느끼게 한다. 특히 제1공영방송인 아에르데(ARD)와 제2공영방송인 체트데에프(ZDF)의 활약이 인상적이다. 저녁 방송 프로그램의 상당 부분을 선거 관련 내용으로 편성하여 독일 사회의 주요 의제들을 심층 조명하고, 정당 대표와 전문가들이 참여하는 치열한 토론의 장을 풍성하게 제공하고 있다.

2017년 독일 선거에 세계의 이목이 집중되고 있는 이유는 자명하다. 영국의 브렉시트 충격, 미국의 트럼프 경악, 프랑스의 마크롱 이변으로 이어진 '불가측성의 시대'에 유럽연합을 이끌고 있는 독일의 정치적 변화는 유럽과 세계 정세에 적잖은 영향을 미칠 것이기 때문이다. 게다가 100만 난민을 받아들인 메르켈의 정치적 운명은 유럽이 직면한 난민 문제와 극우주의의 향방에 풍향계가 될 것임이 분명하다.

그러나 정작 독일에선 투표일이 다가올수록 선거의 열기가 사그라들고 있다. 이미 승부의 추가 기울었기 때문이다. 독일인의 80퍼센트 이상이 메르켈 총리의 승리를 예상하는 가운데 사민당 후보 마르틴 슐츠와의 격차가 점점 더 벌어지고 있다. 가장 최근의 여론조사에 따르면, 총리 후보 선호도는 메르켈 57퍼센트, 슐츠 33퍼센트이고, 정당 선호도는 기민당 38퍼센트, 사민당 22퍼센트, 좌파당 9퍼센트, 녹색당 8퍼센트, 자민당 9퍼센트, 아에프데(AfD) 9퍼센트이다.

사민당으로선 마지막 기회라고 기대했던 양자 TV 토론에서의 패배가 뼈아팠다. 슐츠는 새로운 비전을 제시하지도, 선명한 차이를 부각하지도 못했다. "결투(Duell)가 이중창(Duett)이 되었다"는 비아냥 속에 슐츠는 차기 외무장관을 구걸하러 나온 것 같다는 조롱까지 받았다. 《프랑크푸르터 알게마이네 차이퉁》은 메르켈의 마지막 의회 연설을 '4기 메르켈 정부의 첫 시정연설'이라는 파격적인 제목으로 소개하기도 했다. 이제 관심은 메르켈의 연정 파트너가 누가 되느냐에 쏠려 있다.

2주 후면 메르켈이 다시 총리로 지명될 것이고, 4기 메르켈 정부 구성에 착수할 것이다. 그렇게 독일 현대사의 최장수 총리가 탄생할 것이다. 통일된 독일에서 '동독' 출신 '여성'이 16년간 정부를 장악하리라고 예견한 사람이 과연 있었을까. 이 야만과 실리의 시대에 100만 난민을 받아들인 총리가 다시 승리하리라고 예상한 사람이 과연 얼마나 될까. 메르켈 총리의 4선 성공은 동·서독 문제, 양성평등 문제, 난민 문제를 대하는 독일인들의 '성숙한 의식'을 빼놓고는 달리 설명할 길이 없다.

메르켈의 잇따른 승리가 갖는 정치적 의미는 무엇인가. 그것은 지난 70년간 독일의 정치 지형을 규정해 온 사민주의와 보수주의의 대결 구도에서 마침내 보수주의가 최종적인 승리를 거뒀음을 뜻하는가? 그렇지 않다. 메르켈의 승리는 전통적인 기민당의 가치에 기인하기보다는 사민당의 이념을 과감하게 수용한 결과이기 때문이다. 최저임금제, 핵발전소 폐기, 동성결혼 인정, 100만 난민 수용 등에서 메르켈이 보인 입장은 전통적인 기민당에 반하고, 사민당과 통하는 입장이다. 메르켈이 "독일 역사상 최고의 사민주의 총리"《슈피겔》라는 역설적인 호칭으로 불리는 이유다. 메르켈의 승리는 분명 사민당의 패배를 의미하지만, 그것이 곧 사민주의의 패배를 의미하지는 않는다.

독일은 100만 난민을 받아들인 결과 이번 선거에서 전후 최초로 연방의회에 극우 정당의 진입을 허용하게 될 테지만, 메르켈의 난민 정책을 승인함으로써 유럽의 인도주의적 가치의 수호자로서 도덕적 권위를 확고하게 굳히게 될 것이다.

(2017. 9. 10. 「백만 난민 받은 메르켈의 총선 승리」)

미국을 생각한다

미국 중간선거의 최대 이변은 이변이 없었다는 사실 자체이다. 지난 2년간 '트럼프 정치'를 경험한 미국인들이 그의 정부를 '정상 정부'로 승인했다는 사실이야말로 놀라운 일이다. '트럼프 인증 선거'를 보며 다시 미국을 생각한다. 미국은 도대체 어떤 나라이며, 우리는 미국과 어떤 관계를 맺어야 하는가?

미국을 이해하는 데 가장 중요한 점은 무엇보다도 미국이 글로벌 스탠더드가 아니라 오히려 '예외 국가'라는 사실을 인식하는 것이다. 미국정치학회와 미국사회학회 회장을 역임한 시모어 마틴 립셋이 『미국 예외주의』를 쓴 건 우연이 아니다. 그는 '미국에는 왜 사회주의 정당이 없는가'라는 부제를 단 이 책에서 미국이 국제적 기준에서 보면 '예외적으로' 보수양당제 국가가 된 경로를 추적하고, 여기서 미국의 불평등 원인을 찾는다.

독일의 총리들도 미국의 현실을 보고 당혹감을 토로하곤 했다. 헬무트 슈미트는 "미국은 사회적으로 보면 지옥"이라고 평했고, 게르하르트 슈뢰더도 미국의 "빈곤에 충격을 받았다"며 미국식의 "비사회적이고 비연대적인 팔꿈치 사회"를 비판했다.

그러나 우리에게는 미국이 언제나 이상적인 모델로서 선망의 대상이었고, 그 결과 한국은 "전 세계에서 가장 미국화된"(조희연) 나라가 되었다. 미국식 사회모델에 대한 맹목적인 추종이 한국 사회를 '헬조선'으로 전락시킨 주범은 아닌지 진지하게 따져봐야 할 때다.

미국과의 관계 또한 이제 근본적으로 새롭게 정립되어야 한다. 우리에게 중요한 점은 친미냐 반미냐의 선택이 아니라, 자주 국가로서 미국과 대등한 관계를 맺는 것이다. 미국은 이상화의 대상도, 악마화의 대상도 아니다. 그저 자신의 이해득실에 따라 움직이는 국가일 뿐이다. '아메리카 퍼스트'는 트럼프가 내세운 선거 구호지만, 언제 미국이 '미국 우선주의'를 취하지 않은 적이 있었던가.

지금이야말로 우리가 미국과의 종속적 관계를 끝내고, 평등한 관계를 맺을 적기다. 문재인 정부는 촛불 혁명의 후예로서 미국에 새로운 관계를 요구할 정치적 정당성과 도덕적 권위를 가지고 있다. 미국의 편협한 이기주의에 실망한 국제사회도 우리의 입장을 지지할 것이다.

지금 대등한 한-미 관계가 중요한 것은 그것이 한반도 평화의 전제 조건이기 때문이다. 대등한 한-미 관계 없이는 한반도 평화도 없다는 사실을 우리는 매일 깨닫고 있다. 현재 문재인 정부는 대외적으로는 트럼프 정부의 압력에, 대내적으로는 수구 야당의 저항에, 즉 미국과 한국의 '극우보수주의 동맹'의 협공에 시달리고 있다. 그래도 희망은 있다. 수구의 반민족적 숭미주의와 미국의 오만한 패권주의에 분노하는 국민이 늘고 있기 때문이다.

"아메리카 퍼스트에 대한 유럽의 대응이 통합된 유럽"(요제프 브라믈)이라면, 아메리카 퍼스트에 대한 한국의 대답은 '평화의 한반도'여야 한다. 한-미 동맹보다 한반도 평화가 우선해야 한다. 한-미 동맹은 한반도 평화를 위한 수단이지 그 자체가 목적일 수 없다.

'아메리카 퍼스트'를 외치는 트럼프 정부가 들어서면서 미국에 대한 각국의 전통적인 관계가 크게 변화했다. 한때 미국의 '점령국'이던 독일이 "유럽의 운명은 유럽인의 손으로"를 외치며 '유럽 독자 노선'을 선언한 것이나, 미국의 속국에 가까웠던 필리핀이 미국과 대등한 관계를 천명한 것이나, 이는 모두 신뢰를 잃은 미국의 대외 정책에 국제사회가 보내는 대답이다. 이제 우리가 대답할 차례다.

(2018. 11. 11)

한국과 일본, 진정한 화해는 가능한가

2012년 노벨 평화상이 유럽연합에 주어진 것을 아는 사람은 많지만, 그 상의 '숨은' 수상자가 독일과 프랑스였다는 사실을 아는 사람은 많지 않다. 2012~2013년은 '독일-프랑스의 해'였다. 50년 전인 1962년에 독일과 프랑스의 화해 시도가 본격화되었고, 마침내 1963년 1월 22일 파리의 엘리제궁에서 독불협정, 즉 '엘리제 조약'이 체결된 것을 기념하는 의미였다. 2012년에 노벨 평화상이 유럽연합에 수여된 것은 기실 독일과 프랑스의 화해가 유럽의 평화를 가져온 유럽연합을 탄생시켰음을 국제적으로 인정한 것이다.

주지하다시피 독일과 프랑스는 역사적으로 '철천지원수'였다.

1870년과 1945년 사이에만 세 차례의 큰 전쟁을 치렀다. 1870년 보불전쟁, 제1차 세계대전, 제2차 세계대전이 그것이다. 이런 적대의 역사를 가진 두 나라가 '화해'함으로써 마침내 '전쟁의 대륙' 유럽이 '평화의 대륙'으로 변모할 수 있었고, 나아가 하나의 '국가연합'으로 통합될 수 있었던 것이다.

독일과 프랑스는 이제 '철천지원수(Erbfeind)'에서 '절친(Erbfreund)'이 되었다. 지스카르 데스탱과 헬무트 슈미트, 프랑수아 미테랑과 헬무트 콜 등 양국의 정상들은 정치 노선과 국가 이익을 뛰어넘어 돈독한 우정을 쌓았고, 양국의 도시 간에는 2,500건이 넘는 자매결연이 맺어졌으며, 800만 명이 넘는 독일과 프랑스의 젊은이들이 상호 교류를 했고, 마침내 역사 교과서까지 공동 집필하는 사이가 되었다. 그러니 독일인과 프랑스인이 서로를 '가장 좋아하는 이웃'으로 꼽는 것도 전혀 이상할 것이 없다.

독일과 프랑스의 화해의 역사를 돌아보며 최근 격화되고 있는 한-일 갈등을 생각한다. 한국과 일본도 독일과 프랑스처럼 화해할 수는 없는 것인가. 1965년 '한일협정'에 기초한 현재의 조건에서는 한국과 일본이 진정한 화해를 이루기는 어려울 것 같다. 그 이유는 세 가지다.

첫째, 한일협정의 주도자가 역사적 정당성을 결여했기 때문이다. 1963년 독불협정과 1965년 한일협정의 결정적인 차이는 피해국 수장의 역사적 상징성에 있다. 프랑스의 드골은 레지스탕스의 지도자였고, 한국의 박정희는 일본군 장교였던 것이다. 브란트가 나치 과거를 청산하고 주변 국가와 화해를 이룰 수 있었던 것은 그가 바르샤바 게토에서 무릎을 꿇었기 때문이 아니라, 누구보다도 치열하게 나치와 맞서 싸운 반나치 투사였기 때문이다.

둘째, 한일협정은 '강요된 화해'의 산물이었다. 샌프란시스코 조약의 후속 조치로서 한일협정은 냉전 시대 미국의 군사전략적 고려에 의해 강요된 것이었지, 한-일 간의 진정한 화해가 만들어낸 결과물이 아니었다.

셋째, 한일협정은 국민의 동의에 기초한 조약이 아니었다. 협정에 반대하는 대규모 시위가 거듭된 것은 한일협정이 국민의 뜻을 거스른 '관제 협정'이었기 때문이다.

게다가 한일협정은 반성 않는 일본 우익과 성찰 없는 한국 수구의 '거짓 화해'의 산물이었다. 따라서 한일협정을 절대적 준거인 양 내세우며 한국 정부를 비판하고 일본 정부를 옹호하는 인사들은 올바른 역사의식도, 상식적 법감정도 결여한 자들이다. 일본 제품 불매운동으로까지 이어진 한-일 갈등은 표면적으로는 일본의 수출규제 때문에 촉발되었지만, 심층적으로는 지난 한 세기 동안 누적된 적대적 반감이 폭발한 것이다.

사실 해방 이후 한-일 간에 진정한 화해의 시도는 전무했다. 냉전 시대에 '군사동맹'이라는 허울 아래 덮여 있던 적대감이, 냉전에 기생하는 한국의 수구와 일본 극우의 결탁으로 수면 아래 은폐되어 있던 갈등이 이제 냉전 체제가 해체되는 새로운 국면을 맞아 마침내 수면 위로 떠오른 것이다.

"독립운동은 못 했지만, 불매운동은 하겠다"는 국민들의 정당한 분노가 희망이다. 이것이 과거 청산과 동북아 평화의 성숙한 정치의식으로 승화될 수 있도록 민주시민 교육이 활성화되어야 한다.

더 이상 미국에 중재를 '구걸'해서는 안 된다. 그것은 최선의 경우라도 냉전적 과거 질서로의 회귀를 낳을 뿐이다. 한-일 갈등의 궁극적 해결은 과거로의 회귀가 아니라, 미래로의 도약을 통해서만 가능하다. "일본이 동북아 안보협력의 근간을 흔든다"는 식으로 냉전 질서의 붕괴를 염려할 일이 아니라, 탈냉전의 새로운 동북아 질서를 모색해야 한다. 진정한 화해가 가능하려면 한-일 신협정 체결을 통해 새로운 한-일 관계가 정립되어야 한다.

(2019. 7. 28)

통일의 역설과 냉전 체제의 종식

2018년 남북, 북-미 정상회담으로 한반도에 대전환의 긴장감이 감도는 가운데 문재인 대통령은 한반도의 미래와 관련하여 매우 의미심장한 발언을 했다.

"이번 회담들과 앞으로 이어질 회담들을 통해 우리는 한반도 핵과 평화 문제를 완전히 끝내야 한다. 남북이 함께 살든 따로 살든 서로 간섭하지 않고, 함께 번영하며 평화롭게 살 수 있게 만들어야 한다."

언뜻 한반도 비핵화와 평화 체제를 새삼 강조한 것처럼 보이는 이 발언 속에는 모종의 역사적 전환이 암시되어 있다. 그것은 "남북이 함께 살든 따로 살든"이라는 대목이다. 해방 이후 남한 대통

령 중에서 '따로 살기'를 감수할 용의가 있다고 표명한, 즉 '통일
포기'의 가능성을 열어놓은 대통령이 과연 있었던가.

평화를 위해서는 통일을 포기할 수도 있다는 대통령의 암시는
해방 이후 남한의 통일 정책에 비추어볼 때 분명 놀라운 파격이
다. 문 대통령의 '평화우선론'은 물론 전쟁의 위기가 코앞에 닥친
상황에 대한 현실적 대응의 차원에서 나온 것이겠지만, 좀 더 근
본적인 시각에서 보더라도 두 가지 점에서 시의성과 타당성을 갖
는다. 첫째는 독일 통일에서 드러난 '통일의 역설' 때문이고, 둘째
는 냉전 체제 종식의 시급성 때문이다.

먼저 평화우선론의 기저에 흐르는, 남북이 '따로 살 수도 있다'
는 유연한 입장은 남북통일이라는 최종적 목표에 비추어볼 때
결코 부정적인 것만은 아니다. 독일의 사례는 통일을 포기함으로
써 통일을 이룬 '통일의 역설'을 잘 보여준다. 우리가 빌리 브란트
의 '통일 정책'이라고 알고 있는 '동방정책'은 기실 '반통일 정책'이
었다. 동독을 국가로 인정함으로써 사실상 통일을 포기하고 '1민
족 2국가 체제'를 승인했기 때문이다. 아데나워의 '통일 추구 정
책'이 냉전을 심화시킨 반면, 브란트의 '통일 포기 정책'이 오히려
통일을 성취했다는 역설에서 배우는 바가 있어야 한다.

통일 논의는 장기적 관점에서 서서히, 신중하게 이루어져야 하
지만, 한반도에서 70년간 지속되어 온 냉전 체제를 걷어내는 일
은 가능한 한 신속히, 전면적으로 실천되어야 한다. 냉전 체제 종
식이 절박한 이유는 그것이 한반도와 동북아 평화로 나아가는

첫걸음이기도 하지만, 무엇보다도 한국 사회 '정상화'의 출발점이기 때문이다. 냉전 체제 종식 없이는 한국 사회의 병리를 치유할 방도가 없다.

지난 70년간 한반도를 짓누른 냉전 체제는 한국 사회를 기형화했고, 한국인을 불구화했다. 한국 정치가 수구-보수 과두 지배 체제로 왜곡된 것도, 한국 경제가 재벌 독재 체제로 일그러진 것도, 한국 문화가 폭력적 군사 문화에 물든 것도, 한국인의 심성이 권위주의적 성격으로 병든 것도 그 뿌리를 추적하면 어김없이 냉전 체제와 만난다. 냉전 체제가 종식되어야 비로소 한국 사회가 정상 사회가 되고, 한국인이 정상인이 될 수 있다.

한국 사회는 지금도 여전히 냉전 체제가 남긴 상처에 피 흘리고 있다. 감옥에 수감된 두 대통령을 배출한 자유한국당이 내보이는 파렴치한 행태는 냉전 체제에 기생해 연명해 온 수구 정치 집단의 기형성을 적나라하게 증언하고, '미투'가 폭로한 남성문화의 폭력성과 권위주의는 냉전 체제가 빚어낸 한국 남성의 불구성을 전형적으로 보여주는 것이다.

2018년이 해방 이후 쌓여온 적폐를 청산하는 역사적 전환점이 됐으면 좋겠다. 박근혜, 이명박 전 대통령의 구속과 남북, 북-미 정상회담은 개발 독재와 냉전의 잔재를 동시에 척결할 천재일우의 기회가 우리 목전에 와 있다는 신호다. 이 역사적 기회를 놓치지 말아야 한다.

(2018. 3. 25)

민족 이성이 눈뜬 새로운 평화의 시대

한반도에 봄기운이 완연하다. 2018년 남북 정상회담을 앞두고 연일 놀라운 평화의 낭보가 날아든다. 대전환의 폭풍이 한반도를 뒤덮어온 냉전의 장막을 걷어내고 있다. 남북 화해 시대, 한반도 평화 시대가 열리고 있다.

숨 가쁜 세계사적 격변은 문재인 정부의 어깨에 무거운 역사적 책무를 얹어놓았다. 문재인 정부는 촛불 혁명으로 탄생한 혁명정부답게 "대담한 상상력과 창의적 해법"으로 한반도 문제를 풀어가야 한다. 냉전 시대의 낡은 사고와 관행으로는 대전환의 원심력을 감당할 수 없다.

역사적인 남북 정상회담이 목전에 다가왔다. 문 대통령의 말대로 "정전 체제를 끝내고 종전 선언을 거쳐 평화협정 체결로 나아가는" 일이 머지않아 '현실'이 될 것이다. 회담이 성공한다면, 그 역사적 의미는 참으로 지대할 것이다.

첫째, 남북 정상회담은 세계평화에 기여할 것이다. 1945년 2차 세계대전 종전 이후 세계평화를 위협해 온 '냉전 체제'를 최종적으로 종결짓는 대사건이기 때문이다. 유라시아 대륙을 중심으로 작동한 동서 냉전 체제는 1990년대에 붕괴했지만, 동북아 지역에서 새롭게 형성된 한미일-북중러 간의 '신냉전 체제'는 오히려 강화되어 왔다. 이를 종식할 역사적 기회가 우리 손안에 쥐어진 것이다. 남북의 의지에 따라 세계를 양분해 온 적대적 진영 구도를 허물고 인류 평화로 나아갈 길을 마침내 열 수 있다.

둘째, 이번 회담은 동북아 평화의 시발점이 될 것이다. 남북이 한반도 평화 체제 구축에 합의한다면, 그것은 동북아 평화공동체로 나아가는 의미 있는 첫걸음이 될 것이다. 한반도와 중국, 일본이 '유럽연합'과 같이 항구 평화와 공동 번영을 목표로 한 '동아시아연합(East Asian Union)'을 구현하는 것도 단순한 꿈이 아니다.

셋째, 이번 회담은 한반도 평화의 주춧돌이 될 것이다. 남북 관계의 형식이 양국 체제든, 국가연합이든, 연방 국가든 상관없이, 상호 존중하며 평화롭게 공존하는 새로운 남북 관계가 형성될 것이다. 지난 70년간 '적대적 공생' 체제에 기생하여 연명해 온 남북 내의 반통일, 반평화 세력은 역사의 무대에서 점차 사라질 것이다.

독일의 통일 과정을 돌아보면, 역사적인 회담을 앞둔 문재인 정부가 참고할 만한 타산지석들이 더러 있다. 우선 상대방에 대한 배려와 존중의 자세다. 한반도의 냉전 체제를 허물려면 먼저 '우리 안의 냉전 의식'부터 부숴야 한다. 김대중 정부의 '햇볕정책'이 한국판 '동방정책'이라 불리지만, 그 명칭에서부터 여전히 '부드러운 냉전 의식'이 깔려 있다. 이런 의미에서 "명예로운 비핵화의 명분을 주어야 한다"는 게이오대 오코노기 마사오 교수의 조언은 경청할 가치가 있다.

나아가 문재인 정부는 브란트 정부처럼 상황을 선제적으로 규정하고, 적극적으로 주도해야 한다. 신중하게 성찰하되 대담하게 행동해야 한다.

무엇보다 중요한 것은 '민족 이성'의 관점에 서는 것이다. 철 지난 냉전의 광기에서 해방되는 것, 강대국의 대리인 구실에서 벗어나는 것, 진영 논리보다 민족의 현실을 중시하는 것이 민족 이성의 요청이다.

김대중 정부가 군사 독재를 종식한 '민주 정부', 노무현 정부가 권위주의를 타파한 '반권위주의 정부'라면, 문재인 정부는 한반도에 평화를 정착시킨 '평화 정부'가 되어야 한다. 그것이 문재인 정부에 부여된 역사적 사명이다. 이제 냉전의 광기에 눈먼 기나긴 적대의 시대를 마감하고, 민족 이성이 눈뜬 새로운 평화의 시대를 열어갈 때다.

(2018. 4. 22. 「냉전의 광기를 넘어 민족 이성으로」)

대미 관계가 변해야 통일 시대가 열린다

"나는 패전국 독일의 총리가 아니라 해방된 독일의 첫 총리입니다."

1969년 10월 21일 사민당의 빌리 브란트가 총리로 선출된 직후 세계를 향해 던진 제일성이다. 이 말은 전후 최초로 정권 교체에 성공한 브란트가 새로운 독일의 출발을 선언한 것이자, '승전국' 미국에 대해 자주적인 정책을 펼치겠다는 의지를 결연히 표명한 것이다. 돌아보면, 브란트의 이 대미 '독립선언'은 독일 통일의 신호탄이었다.

만약 브란트가 이전 총리들처럼 '패전국의 총리'로서 굴신하며 미국에 종속적인 태도를 보였다면, 통일의 길을 연 동방정책은 추진될 수 없었을 것이고, 아직도 베를린에는 냉전의 장벽이 버티고 서 있을지도 모른다. 독일 통일의 길은 바로 서독이 미국과의 종속적 관계에서 벗어나 독자 노선을 취하면서 비로소 열렸다는 사실을 잊어서는 안 된다.

우리의 경우도 미국과 새로운 관계를 맺는 것이 한반도 평화와 통일의 선결 조건이다. 미국과의 관계 재정립 없이는 한반도 평화도, 남북통일도 없다는 사실을 우리는 지난 2년간 뼈저리게 체험했다. 문재인 정부의 한반도 평화 프로세스가 정체의 늪에 빠진 근본적인 원인은 미국과의 전통적인 종속 관계를 유지하면서도 한반도에 변화를 가져올 수 있다는 환상을 가졌기 때문이다. 냉전 시대의 관성에서 벗어나지 못하는 한, 새로운 한반도 질서를 창출할 수 없다.

이제라도 문재인 정부는 용기와 비전을 가지고 질적으로 새로운 대미 관계를 정립해야 한다. 상황은 나쁘지 않다. 지금은 두 가지 점에서 미국과 대등한 관계를 맺을 수 있는 적기다.

첫째, 문재인 정부의 역사적 정당성 때문이다.

브란트가 나치즘과 싸운 전력을 가진 총리였기에 '해방된 독일'을 대표할 수 있었던 것처럼, 문 대통령은 촛불 혁명이 만들어낸 지도자이기에 '새로운 대한민국'을 상징한다. 과거 민주적 정당성이 결여된 군사 독재자들과 그 후예들이 미국에 굴종적인 태도를 보였다면 문재인 정부는 당당하게 대한민국의 주권과 권리를 주장할 국제적 위상을 확보하고 있다. 전 세계에서 조롱받는 트럼프 정부와는 격이 다른 정부임을 자각하고 담대하게 행동해야 한다. 미국이 아무리 강한 나라라 해도 세계의 양심과 이성은 여전히 도덕적 권위의 편이다.

둘째, 미국의 민낯이 적나라하게 드러났기 때문이다.

도널드 트럼프라는 '위험한 사례'를 통해 종전 이후 한국 사회를 지배해 온 미국상, 즉 선망의 대상이자 구원자라는 미국의 환상이 대부분 깨졌다. 트럼프 치하에서 미국이 자유세계의 수호자도, 인권의 옹호자도, 정의의 사도도 아니며, 자신의 국익만을 탐하는 일개 패권국가에 지나지 않음이 여실히 드러났다. 우리 국민들도 미국의 '선의'에만 의존한다는 것이 얼마나 무책임하고 위험한 일인지 마침내 알게 되었다. 한-일 군사정보보호협정(지소미아) 종료 결정에 대한 국민 다수의 지지는 미국에 대한 자주적 관계를 요구하는 목소리가 높아가고 있음을 방증한다.

미국과의 새로운 관계 정립의 징표로서 문재인 정부의 집권 후반기는 '문재인 독트린'의 천명으로 시작하면 좋겠다. 분명한 외교 원칙을 밝히지 않으면 미국의 부당한 요구에 대책 없이 끌려다니게 된다. 탈냉전 시대에 조응하는 자주적 외교 원칙으로서 독트린에는 다음의 내용이 담겨야 한다. "1. 우리는 민족자결주의, 국민주권주의라는 근대국가의 기본 이념에 입각하여 한반도의 평화와 공동 번영을 추구한다. 2. 우리는 이러한 목적에 반하는 모든 행동에 반대한다." 이런 원칙이 공식적으로 천명된다면 이는 미국의 일방적인 압력에 맞설 수 있는 중요한 근거가 될 것이다.

지금 우리는 매일같이 미국의 오만을 목도하고 있다. 국방장관, 국방차관, 합참의장, 한미연합사령관, 주한대사까지 총동원하여 방위비 분담금 인상과 지소미아 종료 철회를 전방위적으로 압박하는 작금의 상황은 미국이 과연 이 나라를 동맹은커녕 주권국가로 인정하고 있는지조차 의심하게 한다.

문재인 정부는 더욱 담대하게 미국과 상대해야 한다. 미국에 굴종하면서 하릴없이 끌려다녀서는 한반도 평화와 통일을 견인할 수 없다. 이제 한-미 동맹도 질적으로 새로운 차원으로 변화해야 한다. '동맹'이라는 이름에 걸맞은 '동맹다운 동맹'이 되어야 한다. 진정한 동맹 관계는 종속적 관계가 아니라 대등한 관계이며, 상명하달의 관계가 아니라 상호 존중의 관계다. 우리가 미국 앞에 당당히 서야, 한반도가 변한다.

(2019. 11. 17)

라이피즘, 자본주의를 넘어 삶으로

동구 사회주의가 붕괴한 지 30년이 지난 오늘날 자본주의의 '유일 지배'는 무엇을 남겼는가. 지금 코로나 팬데믹이 우리에게 결산서를 내밀고 있다. 신자유주의가 휩쓸고 간 자리에 야수 자본주의의 폐허가 민낯을 드러내고 있다. 레이건과 대처가 키운 야수가 이리도 깊고 처연한 상처를 남길 줄은 몰랐다. 자본의 횡포가 자심한 곳일수록 코로나의 피해는 막심하다. 이제야 사람들은 자본주의의 실체가 무엇인지 뼈저리게 깨닫고 있다.

코로나 팬데믹으로 견고해 보이던 하나의 세계, 하나의 우주가 무너지고 있다. 신자유주의 시대가 막을 내리고, 미국의 세기가 저물고 있다. 물질주의와 소비주의, 경쟁지상주의의 세계에 빨간 경고등이 켜지고 있다.

이제 포스트 코로나 시대는 거대한 전환의 시대가 될 것이다. 인류가 살아남으려면 모든 것이 변해야 한다. 시장중심사회에서 인간중심사회로, 경쟁사회에서 연대사회로, 신자유주의 국가에서 복지국가로, 인간의 자연 지배에서 인간과 자연의 공생으로, 메리토크라시(능력주의)에서 디그노크라시(존엄주의)로 전환해야 한다.

하나는 분명하다. 지금까지 세계를 지배하던 체제는 더 이상 작동하지 않으리라는 사실이다. 자본주의와 인간에 대한 성찰은 자본주의가 과연 지속 가능한 체제인지 근본적인 의문을 제기한다. 자본주의는 인간 존엄의 조건인 인간성을 파괴하고, 인간 생존의 조건인 사회를 파괴하며, 인간 생명의 조건인 자연을 파괴하기 때문이다.

이제 '자본주의 이후'를 생각할 때다. 포스트 코로나 시대는 질적으로 새로운 체제를 요구하고 있다. 자본주의에 대한 대안은 무엇인가. 프랑크푸르트학파의 제3세대를 대표하는 악셀 호네트는 '사회적 자유'에 기반한 '사회주의의 재발명'을 주창한다. 슬라보예 지젝은 코로나에 대응하는 국가의 역할에 주목하면서 '새로운 공산주의'를 꿈꾼다. 그러나 이러한 논의는 시대착오적이거나 임시방편적이다. 무엇보다도 생태주의적 관점을 결여하고 있기 때문이다.

나는 자본주의에 대한 새로운 대안으로 라이피즘(lifism)을 제안한다. 라이피즘은 자본주의가 근본적으로 안티라이프(anti-life) 체제라는 데 주목한다. 즉, 라이피즘이란 자본주의가 개인적 차원에서는 인간의 삶(life)을 파괴하고, 사회적 차원에서는 인간의 생존(life)을 파괴하며, 생태적 차원에서는 인간의 생명(life)을 파괴하는 체제라는 사실에 착안하여, 인간을 소외하고 사회를 와해시키며 자연을 파괴하는 자본주의를 극복하려는 일련의 사상적·실천적 활동을 뜻한다.

이런 맥락에서 인간의 삶과 생존과 생명을 존중하고, 그 바탕이자 전제인 생태를 중시하는 사람을 라이피스트(lifist)라고 할 수 있다. 라이피스트는 인간, 사회, 자연을 파괴하는 자본주의에 대한 강력하고 근본적인 대안을 모색하는 사람이다.

라이피즘은 전통적으로 자본주의에 대한 대안으로 여겨져온 '사회주의'나 '공산주의'보다 훨씬 더 시의적이고, 강력한 호소력을 지닌 개념이다. 그 이유는 다섯 가지다. 첫째, 라이피즘은 자본주의의 '안티라이프' 성격을 직격한다. 자본주의가 인간의 삶과 생존과 생명에 적대적인 체제임을 가장 확실하게 폭로한다. 둘째, 라이피즘은 이데올로기적 유산에서 자유롭다. 20세기를 각인해온 이데올로기적 대립을 넘어 자본주의에 반대하는 모든 정파를 아우를 수 있다. 자본주의의 인간 소외에 맞서는 자율주의자든, 자본주의의 사회적 착취를 비판하는 사회주의자든, 자본주의의 자연 파괴에 저항하는 생태주의자든 모두 라이피스트의 우산 아래 모일 수 있다. 셋째, 라이피즘은 현대사회의 최대 현안이자 인류의 미래가 걸려 있는 생태 문제의 중요성을 효과적으로 강조할 수 있다. 넷째, 라이피즘은 인간과 사물, 인간과 인간, 인간과 자연의 관계를 새롭게 정위함으로써 근대 휴머니즘 전통의 현대적 적자임을 주장할 수 있다. 다섯째, 라이피즘은 자본주의가 파괴하는 삶, 생존, 생명의 영역을 총체적으로 겨눈다는 점에서 주로 사회적 착취와 불평등을 문제 삼는 사회주의보다 포괄적이고 진취적인 개념이다. 이상의 이유로 나는 자본주의를 극복할 새로운 이념으로 라이피즘을 제안하는 것이다.

(2020. 7. 5)

우리에겐 절망할 권리가 없다

초판 1쇄 2021년 10월 18일
초판 8쇄 2023년 11월 10일

지은이 | 김누리
펴낸이 | 송영석

주간 | 이혜진
편집장 | 박신애 **기획편집** | 최예은 · 조아혜
디자인 | 박윤정 · 유보람
마케팅 | 김유종 · 한승민
관리 | 송우석 · 전지연 · 채경민

펴낸곳 | (株)해냄출판사
등록번호 | 제10-229호
등록일자 | 1988년 5월 11일(설립일자 | 1983년 6월 24일)

04042 서울시 마포구 잔다리로 30 해냄빌딩 5 · 6층
대표전화 | 326-1600 **팩스** | 326-1624
홈페이지 | www.hainaim.com

ISBN 979-11-6714-011-1